Da Manjedoura ao Sepulcro Vazio

Da Manjedoura ao Sepulcro Vazio

Reflexões sobre o Natal e a Páscoa
por Fábio Tucci Farah

Edições Loyola

Dados Internacionais de Catalogação na Publicação (CIP)
(Câmara Brasileira do Livro, SP, Brasil)

Farah, Fábio Tucci
  Da manjedoura ao sepulcro vazio : reflexões sobre o Natal e a Páscoa / Fábio Tucci Farah. -- São Paulo : Edições Loyola, 2023. -- (Espiritualidade cristã)

  Inclui bibliografia
  ISBN 978-65-5504-309-9

  1. Jesus Cristo 2. Liturgia 3. Natal - Celebrações 4. Páscoa - Celebrações 5. Reflexões 6. Relatos pessoais 7. Testemunhos I. Título. II. Série.

  23-177891 CDD-242.2

  Índices para catálogo sistemático:
  1. Natal e Páscoa : Reflexões : Vida cristã : Cristianismo   242.2

  Cibele Maria Dias - Bibliotecária - CRB-8/9427

Preparação: Mônica Glasser
Capa: Ronaldo Hideo Inoue
Ilustração de © Marco Aurélio Funchal.
Composição sobre textura de
© Tetyana Pavlovna | Adobe Stock.
Diagramação: Desígnios Editoriais
Ilustrações: Marco Aurélio Funchal

Edições Loyola Jesuítas
Rua 1822 n° 341 – Ipiranga
04216-000 São Paulo, SP
T 55 11 3385 8500/8501, 2063 4275
editorial@loyola.com.br
vendas@loyola.com.br
www.loyola.com.br

Todos os direitos reservados. Nenhuma parte desta obra pode ser reproduzida ou transmitida por qualquer forma e/ou quaisquer meios (eletrônico ou mecânico, incluindo fotocópia e gravação) ou arquivada em qualquer sistema ou banco de dados sem permissão escrita da Editora.

ISBN 978-65-5504-309-9

© EDIÇÕES LOYOLA, São Paulo, Brasil, 2023

105713

*Ao monsenhor Luiz Cechinato
Ele me fez sentir o abraço misericordioso
do Pai no retorno do filho pródigo.*

Agradecimentos

Minha sincera gratidão a todos os amigos que se sentiram tocados por minhas palavras no decorrer dos anos e incentivaram meu constante testemunho. Não poderia deixar de mencionar nominalmente algumas pessoas fundamentais nessa jornada.

Meu pai, Osvaldo, guiou meus primeiros passos no velho Caminho e me ajudou a reencontrá-lo quando já estava desgarrado.

Em 2004, meu amigo Cesar, futuro afilhado de casamento e crisma, me enviou um cartão de Natal e inspirou O maior presente de Natal. Desde então, ele me liga nas maiores solenidades da Igreja para oportunas – e bem-humoradas – observações sobre as mensagens recebidas.

Há três anos, minha mãe, Rosely, me sugeriu reunir todas as mensagens em um volume impresso caseiramente. Foi a ideia inicial para esta obra.

E minha companheira inseparável, Mariana, que acompanhou o início de minha volta à Igreja e percorreu milhares de quilômetros ao meu lado – literalmente, já que trilhamos o Caminho de Santiago nove vezes. Não à toa, é uma personagem constante dessas "pequenas crônicas" de minha vida espiritual.

*E tudo que disserdes ou fizerdes,
seja sempre em nome de Jesus, o Senhor,
dando por ele graças a Deus Pai!
(Cl 3,17).*

Sumário

Prefácio 13
Apresentação 15
Introdução 19

I O Natal do Senhor 23
O maior presente de Natal 25
Jesus negro, índio, brasileiro 29
O sorriso eterno do Menino Jesus 33
O sorriso do camponês despedaçado 37
A guirlanda de papel e a manjedoura vazia 39
"Me ajude... de coração!" 43
O Papai Noel de carne, osso e espírito 45
O segredo de Deus e o Natal 49
O outro lado do Natal 53
Homoousios: o sentido do Natal 57
A minha manjedoura 59
"Noite feliz... Noite feliz" 63
Os refugiados de Belém 67
Onde Deus está? 71
A mais bela das árvores 73
Versinhos de Natal 79
Para você, Deus está aí? 87
Os braços pequenos e frágeis do Menino Jesus ... 89
O aborto do Natal 93

II Páscoa do Senhor 99
   A hora de renascer 101
   O beijo da traição 103
   As lágrimas de Pedro 109
   Chocolates, coelhos e Deus 115
   Noite escura e Páscoa 117
   A prostituta de Deus e a Páscoa 121
   O que aconteceu naquela gruta escura? 125
   Para encontrar Deus 129
   A religião é uma brincadeira 133
   Uma farsa grotesca? 137
   O sopro da Páscoa 141
   Ressurreição... 145
   O ramo ensopado de sangue e o grito de Deus 149
   A Páscoa e uma pergunta desconcertante 155
   A crise na Igreja e a Páscoa 157
   Um passeio pelo jardim sombrio 165
   Uma caminhada durante a quarentena 169
   O olhar terno de Nossa Senhora 175
   A guerra dos homens e o contra-ataque de Deus 181
   O sacrifício da cruz e o sepulcro vazio 185
   O sepulcro vazio e o corpo de Cristo 189
   Referências bibliográficas 197

Anexos 203
   O Caminho do Reino de Deus 205
   Voluntariado: uma palavrinha sobre um palavrão 211
   O caminho da volta 213
   Os dois milagres de Nossa Senhora 215

Prefácio

Cabe a cada pessoa que crê no Senhor anunciar a novidade de sua vinda e sua missão entre nós, assim como o desfecho dramático e glorioso de seu Mistério Pascal. O mais eloquente de todos os anúncios é o testemunho. Sobre isso, afirma o Papa Francisco: "A fé deve ser transmitida, oferecida, sobretudo através do testemunho" (Homilia de 25/04/2020, na Capela da Casa Santa Marta).

O traço que mais se destaca no presente livro do jornalista Fábio Tucci Farah é justamente o testemunho. Como perito em relíquias sagradas e diretor do Departamento de Arqueologia Sacra da Academia Brasileira de Hagiologia, o autor está habituado às expressões de fé contidas nos relatos sobre os santos e nas relíquias que a Igreja conservou ao longo dos séculos. Assim como os santos se revelam nas suas obras, os seus restos mortais e outros objetos sacros comunicam, no silêncio, belos sinais do seguimento a Jesus Cristo.

O testemunho suscita a nossa fé, que, por sua vez, nos leva a conformar nossas vidas à vontade de Deus e nos torna outras testemunhas, anunciadoras da Boa-Nova. Esse é um processo vivido pelo autor e compartilhado com seus leitores neste livro, nascido a partir de mensagens de Natal e Páscoa enviadas por ele ao longo de vários anos, e agora editadas para publicação. Na introdução, ele revela: "As mensagens aqui, pela primeira vez reunidas, são uma radiografia de minha constante conversão no decorrer de quase duas décadas". De fato, o testemunho sempre vai se consolidando pela conversão. A sequência das mensagens contidas no livro comprova isso. O arranjo principal dos textos segue a cronologia da encarnação e missão de Jesus entre nós. O processo de conversão do autor se encontra subjacente aos grandes temas relacionados ao "Natal e à Páscoa do Senhor", dentro dos quais encontramos os textos em uma ordem cronológica interna, que marcam os passos de Fábio Tucci Farah, ainda a caminho no seguimento do Senhor. Isso certamente tem a ver com sua predileção pelo Caminho de Santiago, diversas vezes citado no livro.

Um aspecto interessante dos próprios textos é a sua descrição inicial como "mensagens", que, entretanto, poderiam ser consideradas pequenas crônicas. Sempre acompanhadas de notas explicativas, elas nos trazem relatos pessoais e também informações sobre o que autor conhece a partir de suas viagens e trabalho. Poderíamos dizer que, neste livro, o leitor tem em mãos um "álbum" com muitas recordações do autor, não apenas para ser folheado com curiosidade, mas lido com gratidão a Deus pela obra que ele realiza no coração de quem se abre à sua graça.

Dom Orani João Tempesta, O.Cist.,
CARDEAL E ARCEBISPO METROPOLITANO
DE SÃO SEBASTIÃO DO RIO DE JANEIRO

Apresentação

Um dos pastores estatelou-se no chão ao escorregar de minhas mãos. A tristeza não durou muito... Eu me aproximava da manjedoura como aquele pastor, em pedaços, sim, porém entregue aos cuidados de Deus.

Gostei muito desta passagem da introdução do nosso querido Fábio, na qual ele se apresenta como "pastor, em pedaços, entregue aos cuidados de Deus". Somos todos um pouco pastores em pedaços, caídos diante de um Mistério que muitas vezes temos dificuldade em compreender. Sim, pois a arte de escrever não está somente em dizer coisas bonitas, mas também em traduzir coisas verdadeiras que fazem parte do nosso dia a dia.

Somos muitas vezes esmagados pelo grande ruído do mundo, quebrados pela correria da vida, em cacos pelo cansaço de buscar algo que nos torne, por um momento, felizes. Muitas vezes recebemos um texto, um pensamento, uma frase que, naquele momento vivido, é bálsamo para aliviar as dores e pesos que carregamos.

Fábio, com seus textos sem hora marcada, nos ajuda precisamente nesses momentos, que parecem eternos quando a tristeza e o desânimo abundam e infinitamente curtos quando nos provocam serenidade e alegria. Assim é a vida. Um alternar-se de momentos que nos fazem viver a dimensão da busca da felicidade, que, muitas vezes, parece que nunca chega, e momentos de doce conforto, motivados pelo que lemos ou ouvimos.

Certas vezes, em pedaços nos apresentamos porque a vida nos derrubou e nos deixou em cacos. Mas basta estender a mão que o Senhor, através de um irmão bom samaritano, nos levanta e nos leva para o albergue para nos curar. As palavras do Fábio são fontes de inspiração para crer que o bom samaritano existe, que está ali para nos levantar, e que a cura também depende de nossa resposta em aceitar o verdadeiro remédio.

Quanto nos faz bem saber que alguém pensa em nós e nos sustenta! Por meio de suas mensagens, o Fábio é esse bom samaritano que entrega, a quem quiser, o bálsamo da palavra que pode aliviar o fardo pesado de dificuldades encontradas na estrada chamada vida. Entrega a todos nós, indistintamente, palavras e pensamentos que tocam nossas existências e nos ajudam a dar o passo seguinte. O passo é sempre nosso, nós decidimos, mas o impulso, ele nos ajuda, é algo importante. Nas suas palavras, ele nos traçou um caminho da manjedoura até o sepulcro vazio.

Na manjedoura, temos o Filho de Deus que, como criança, depende do amor de uma mãe e de um pai. Que loucura de Deus! Colocou seu Filho nas mãos de suas criaturas para cuidá-lo e amá-lo. No sepulcro vazio, a vitória eterna e definitiva sobre a morte, sobre o mal. O menino se tornou homem e derrubou as certezas do mundo, reafirmando que só o amor pode trazer a felicidade que, de modo efêmero, o homem busca. A cruz está vazia, o sepulcro está vazio, pois ressuscitou aquele que estava morto e não morre mais.

O Fábio nos ajuda a fazer a viagem da manjedoura, a humildade por excelência, a um túmulo vazio, símbolo do amor de Deus que venceu a morte para nos dar a vida.

Feliz caminhada!

Dr. Silvonei José Protz,
DIRETOR DE JORNALISMO DA RÁDIO
VATICANO E DO PORTAL VATICAN NEWS

*Essas mensagens mostram as maneiras pelas quais
ele me alcançou e me convidou a acompanhá-lo.
Sempre inesperadas.*

Introdução

No início do século XXI, voltei ao velho Caminho após percorrer inúmeras trilhas, além de atalhos tortuosos. E, como o filho pródigo, fui recebido pelo abraço misericordioso do Pai. Na época, eu ganhava a vida como repórter em uma redação jornalística e pareceu-me oportuno empenhar o dom da escrita para divulgar a razão de minha alegria, a Boa-Nova do Reino. A iniciativa começou de forma tímida em uma mensagem no Natal de 2004, inspirada por um cartão do meu amigo – e futuro afilhado de casamento e Confirmação –, Cesar de Oliveira Lima Barrio. Na primeira mensagem, consegui enxergar seguidores de diversos caminhos em torno da manjedoura, em um lugar simples da obscura Judeia. Havia ali budistas, muçulmanos, espíritas. De certa maneira, aquela mensagem falava um pouco sobre as trilhas que eu mesmo havia percorrido antes de me aproximar da manjedoura, como os pastores ao escutarem o anúncio do anjo: "Deixai desse medo! Eu vos anuncio uma boa nova, de grande alegria para todo o povo: Hoje, na cidade de Davi, nasceu para vós um Salvador, que é o Cristo Senhor" (Lc 2,10-11).

Três anos após aquela primeira mensagem, fui surpreendido por um providencial acidente enquanto montava meu tradicional presépio. Um dos pastores estatelou-se no chão ao escorregar de minhas mãos. A tristeza não durou muito. Os cacos de barro renderiam a mensagem natalina de 2007. Eu me aproximava da manjedoura como aquele pastor, em pedaços, sim, porém entregue aos cuidados de Deus. Essas mensagens mostram o trabalho da mão misericordiosa do Pai para restaurar minha vida à sua Luz, e as maneiras pelas quais ele me alcançou e me convidou a acompanhá-lo. Sempre inesperadas. Dez anos após o acidente com o pastor, o Menino Jesus me desafiou a encontrar seus pedaços ao saltar de minhas mãos. E, nessa busca, enxerguei um novo sentido para o Natal.

As mensagens, pela primeira vez aqui reunidas, são uma radiografia de minha constante conversão no decorrer de quase duas décadas. O anúncio do anjo aos pastores se completa com a mensagem do anjo às discípulas diante do sepulcro vazio: "Não está aqui, porque ressuscitou como havia predito" (Mt 28,6). A manjedoura aponta para a cruz, e ela nos arrasta ao sepulcro vazio. No ano seguinte à primeira mensagem de Natal, enviei aos amigos a primeira de Páscoa. Naquela mensagem, voltei-me para a centralidade da Boa-Nova:

> Para os cristãos, a Páscoa traz uma mensagem de fé e, sobretudo, de Amor. O Amor que deixa seu repouso transcendente para se aproximar de seus filhos e assume um rosto para que eles possam conhecê-lo. O Amor que se faz solidário ao ser humano em sua peregrinação pelo mundo, permeada de sofrimentos e lágrimas. O Amor que nos levantará quando estivermos imersos na escuridão e sussurrará em nossos ouvidos: "Filho, chegou a hora de você renascer".

Nessas quase duas décadas, estou certo, o Amor guiou meus olhos, e minha pena. Tornei-me um expectador do nascimento, morte e ressurreição de Cristo, e, consequentemente, um espectador do Reino de Deus. Nessa jornada sagrada, tentei seguir o conselho das duas colunas da Igreja. Segundo São Pedro: "*Prestai culto* em vossos corações *ao Senhor*, que é o Cristo, prontos sempre a defender-vos contra quantos exigirem justificativas da esperança que há em vós" (1Pd 3,15). Essas mensagens são o meu testemunho de fé, a razão de minha esperança a todos os que queiram conhecê-la. Com mansidão e respeito.

Também não me esquivei do que São Paulo ressaltou na primeira epístola aos Coríntios: "Porque Cristo não me mandou batizar, mas anunciar o Evangelho, sem recorrer à sabedoria da linguagem, para não desvalorizar a cruz de Cristo" (1Cor 1,17). Em minhas mensagens, evitei referências herméticas, analogias complexas, linguagem rebuscada. Busquei a simplicidade com a qual o Senhor sempre nos exortou a segui-lo. E continua a fazê-lo. Antes de escrever os textos, repeti uma prece simples: "Senhor, que minhas palavras possam tocar o coração das pessoas!". As respostas que recebi nos últimos anos provam que as preces foram ouvidas. Pelo meu coração, Deus falou ao coração dos inúmeros amigos que cruzaram meu caminho nesse período. A inspiração para reunir as mensagens em um livro foi espalhar essas pequenas sementes de mostarda em novas paragens. Para reuni-las aqui, foi necessária uma pequena edição: retirei a costumeira saudação e a habitual despedida, cortei partes que faziam sentido em mensagens geralmente anuais, mas soavam redundantes na sequência de um livro. Também fiz ligeiras mudanças – um vício jornalístico que me persegue sempre que releio um texto –, sem alterar a essência, porém, de nenhuma das mensagens. Também julguei oportuno acrescentar notas explicativas para contextualizar alguns episódios mencionados e oferecer informações adicionais.

Pouco antes da ascensão, Cristo disse aos apóstolos: "Então, sereis minhas testemunhas em Jerusalém, em toda a Judeia e Samaria e até os confins da terra." (At 1,8). Não foi uma missão entregue apenas aos apóstolos, mas um pedido confiado a cada um de nós que o visita na manjedoura durante o Natal, acompanha sua agonia e morte e, na Páscoa, se estarrece diante do sepulcro vazio. Sigamos, pois, o exemplo dos apóstolos e dos milhares de santos nos últimos dois milênios! Sejamos suas testemunhas até os confins da terra!

I
O Natal do Senhor

E o Verbo se fez carne
e habitou entre nós
(Jo 1,14).

O maior presente de Natal[1]

Em uma época em que presentes são trocados por familiares e amigos, não devemos nos esquecer de um presente que chegou de um jeito muito especial para as pessoas de todas as raças, cores e religiões. Foi um presente oferecido primeiro aos judeus, o Messias que os libertaria do Mal. Até hoje a maioria dos religiosos ainda espera a vinda do Ungido de Deus, mas, para vários deles, Jesus, filho de José, foi um rabino muito especial que compreendeu as palavras dos profetas melhor do que nenhum outro.

Para os muçulmanos, ele foi o profeta do amor; Maria é a única mulher citada nominalmente no Alcorão[2]. Os sufistas, místicos islâmicos, reverenciavam Jesus como aquele que os conduziria pelos caminhos do coração. O budismo não o considera um Enviado de Deus porque não é uma religião monoteísta e sua mística é diferente daquela dos Povos do Livro – uma referência corânica às religiões que se originaram em Abraão. Apesar disso, os budistas chamam Jesus Cristo de *bodhisattva*, alguém que renasceu neste mundo com o objetivo de se sacrificar para que outras

---

1. Mensagem enviada originalmente em 24 de dezembro de 2004.
2. Maria, mãe de Jesus, é a única mulher que o livro sagrado do Islã chama pelo nome, mencionando-a mais de trinta vezes.

pessoas atingissem a iluminação e, desse modo, conseguissem se libertar de um ciclo de infortúnios. Alguém muito importante, sem dúvida[3].

Para os espíritas – não poderia deixar de incluir uma religião que floresceu no Brasil –, Jesus é o espírito mais evoluído que já passou sobre a Terra. Sua missão foi mostrar aos homens o melhor caminho para a evolução espiritual. E, quanto aos cristãos – católicos, ortodoxos, protestantes –, aquele galileu, filho de um carpinteiro, envolto em faixas e deitado em uma manjedoura[4] ao nascer, é o presente mais importante que poderiam ter recebido em suas vidas, um presente que Deus forjou com Amor para nos libertar do Mal, abrir as portas do nosso coração, iluminar nosso espírito, mostrar o melhor caminho nesta vida e segurar em nossas mãos quando nos depararmos com a escuridão do outro mundo.

---

3. Na obra *O Dalai Lama fala de Jesus*, Laurence Freeman (2019) oferece uma perspectiva budista dos ensinamentos e da missão de Cristo.
4. Em seu Evangelho, Lucas narra que, ao nascer, Jesus foi envolto em faixas e reclinado em uma manjedoura, pois não havia lugar para a família na sala (cf. Lc 2,7). Da narrativa evangélica surgiu a tradição piedosa de retratar o nascimento de Jesus em um estábulo, já que a manjedoura serve de suporte para o alimento de animais. Alguns pais da Igreja, como Justino Mártir (100-165 d.C.) e Orígenes (185-254 d.C.), promoveram a ideia de que o Salvador veio ao mundo em uma gruta, nos arredores de Belém.

Um presente que Deus forjou com Amor para nos mostrar o melhor caminho nesta vida e segurar em nossas mãos quando nos depararmos com a escuridão do outro mundo.

Jesus negro, índio, brasileiro[1]

Há uma semana, estive em uma exposição de presépios de diversos países[2]. A imagem clássica do Menino Jesus – que herdamos da cultura europeia – dividia espaço com feições brasileiras, colombianas, peruanas, africanas, japonesas... Achei estranho me deparar com Jesus oriental, índio e negro. Por alguns instantes, pensei estar diante de uma experiência estética. Era muito mais do que isso.

Jesus nasceu judeu, em sua árvore genealógica havia sangue negro[3] e antropólogos acham pouco provável que ele tivesse

---

1. Mensagem enviada originalmente em 23 de dezembro de 2005.
2. Trata-se de uma exposição do Museu de Arte Sacra de São Paulo, realizada na Estação de Metrô Tiradentes. Dez anos depois, repeti a experiência. Os presépios das mais diversas culturas podem ser apreciados no catálogo "Em Busca do Presépio Universal" (Museu de Arte Sacra de São Paulo, 2015).
3. O Evangelho de São Mateus traça a árvore genealógica de Jesus até Abraão. Entre seus antepassados, está a cananeia – possivelmente negra – Tamar, nora de Judá. Ela concebeu Farés e Zara. Do primeiro, teria surgido a linhagem do rei David, da qual Jesus descende.

feições europeias[4]. Mas nada disso tem significado. A existência de Jesus Cristo transcendeu sua origem étnica e cultural e iluminou todos os povos. Uma frase sua me vem à mente enquanto escrevo esta mensagem: "Porque tive fome e me destes de comer. Tive sede e me destes de beber. Era um estrangeiro e me acolhestes. Estava nu e me vestistes, doente e me visitastes, na prisão e me viestes ver" (Mt 25,35-36)[5].

Quando os justos perguntam a Cristo quando foi que fizeram isso, ele responde que todas as vezes em que ajudaram seus irmãos menores. Na Idade Média, os cristãos acreditavam que Jesus se disfarçava de necessitado para testar a bondade das pessoas. Apesar de estarmos no século XXI, acredito nisso. Acredito que Jesus Cristo esteja acima de etnias ou de culturas, sempre ao lado dos mais fracos. Nesta época em que comemoramos seu nascimento, tenho diante de mim a imagem dos presépios que vi. Em todos eles, Jesus está deitado em uma manjedoura, aquecido pelo hálito de animais. Recebe presente de reis, mas também a visita de simples camponeses.

Consigo enxergar um Jesus negro nascendo nos porões sujos e fétidos dos navios negreiros de séculos passados; um Jesus que não teve a visita de reis, mas desenhou um sorriso no rosto de seus pais – o único que tiveram desde que foram arrancados de sua terra. Também enxergo um Jesus índio nascendo em aldeias

---

4. A partir de três crânios de galileus do século I, o especialista forense britânico Richard Neave reconstruiu o provável rosto de Jesus. Exibido em 2001 no último episódio da série documental *Son of God*, da BBC, o resultado era bem diferente da imagem tradicional. E ainda causa polêmica. Quase vinte anos depois, usando inteligência artificial, o fotógrafo holandês Bas Uterwijk recriou o rosto de Jesus com base em sua iconografia tradicional. E teve bastante repercussão nas mídias sociais.

5. Todas as citações bíblicas da presente obra foram extraídas da *Bíblia – Mensagem de Deus* (Loyola, ³2016) [N. do E.].

incas ou astecas, poucos momentos antes de serem massacradas por conquistadores empunhando a bandeira da cristandade. E não posso deixar de pensar que, neste Natal, Jesus nasce em favelas brasileiras e aquece o coração de famílias que sofrem com a miséria e passam fome.

Natal é uma época de festa, de acolher o nascimento de Jesus Cristo com alegria e de enxergá-lo nos lugares em que ele realmente está. Não em presépios clássicos que ornamentam casas ou lugares públicos, mas nos rostos dos mais necessitados, sejam índios, negros, sul-americanos, europeus, árabes, judeus...

O sorriso eterno do Menino Jesus[1]

Todos os anos, monto um presépio em meu quarto e acendo uma pequena vela próximo à manjedoura. A chama dura poucas horas e se apaga. Quase sempre me esqueço de acendê-la novamente. Hoje isso me fez pensar em duas pessoas, um santo e um aviador-escritor. Elas me revelaram o verdadeiro sentido do Natal. A primeira, é São Francisco, o criador do presépio. Em 1223, no povoado italiano de Greccio, um homem rico chamado João seguiu o seguinte conselho do amigo de Assis: "Quero lembrar o menino que nasceu em Belém, os apertos que passou, como foi posto num presépio, e ver com os próprios olhos como ficou em cima da palha, entre o boi e o burro"[2].

O primeiro presépio da humanidade seria encenado poucos dias após o encontro entre os dois. Quando São Francisco se aproximou da manjedoura, um espectador teve a impressão de ver um bebê adormecido despertar. O biógrafo Tomás de Celano registrou o episódio: "E essa visão veio muito a propósito, porque o

---

1. Mensagem enviada originalmente em 24 de dezembro de 2006.
2. Tomás de Celano, Vida I, 86, in: *São Francisco de Assis. Escritos e biografias de São Francisco de Assis – Crônicas e outros testemunhos do primeiro século franciscano*, Petrópolis, Vozes, 1997, 239.

menino Jesus estava de fato dormindo no esquecimento de muitos corações"[3]. Isso me remete à segunda pessoa à qual me referi no início desta mensagem: o escritor e aviador francês Antoine de Saint-Exupéry. Em sua fábula *O Pequeno Príncipe* – que pode ser entendida como uma parábola moderna –, ele registrou: "O essencial é invisível aos olhos"[4].

O sentido dessa sentença expõe de forma inequívoca o equívoco do Natal. Quase todos se recordam do Papai Noel e dos presentes que enchem os olhos. É a época de maior consumo. Luzes intensas explodem em árvores e prédios, e cegam os olhos ao verdadeiro sentido da festa, revelado no silêncio do coração. Quando fiz o Caminho de Santiago de Compostela[5], no ano passado, tive uma experiência interessante com quase um mês de estrada. Em uma igreja, após mais de uma hora diante de um crucifixo de madeira sem dizer quase nada, a Presença de Deus se manifestou em uma frase singela: "Sempre estarei em seu coração".

Hoje, após acender a pequena vela, contemplei a leveza da chama. Dessa vez, o seu brilho me pareceu mais intenso do que em anos anteriores. Olhei para o Menino Jesus e tive a impressão de que ele despertava de um longo sono, e sorria. Um sorriso eterno, além do barro e da tinta. Como em anos anteriores, a chama se apagaria em poucas horas. E talvez, durante um longo período, Jesus dormisse no esquecimento do meu coração. Mas sempre estaria lá, esperando que, novamente, eu acendesse a vela e lembrasse, de uma vez por todas, que "o essencial é invisível aos olhos".

3. Ibidem, 240.
4. ANTOINE DE SAINT-EXUPÉRY, *O Pequeno Príncipe*, São Paulo, Geração Editorial, 2020, 101.
5. Após essa experiência, retornei ao Caminho de Santiago outras vezes. Em 2015, publiquei um testemunho de minhas peregrinações jacobeias no número 57 de *Compostela*, revista da *Archicofradía Universal del Apóstol Santiago*. O texto pode ser conferido nos Anexos, com o título "O Caminho do Reino de Deus", p. 205.

Olhei para o Menino Jesus e tive a impressão de que ele despertava de um longo sono, e sorria.

O sorriso do camponês despedaçado[1]

Peço licença para lhes contar um episódio interessante que ocorreu enquanto montava meu pequeno presépio. O Menino Jesus já repousava em sua manjedoura sob o olhar carinhoso dos pais. Quando retirei da caixa um dos três pastores que o visitaria – antes da chegada dos reis magos –, ele escorregou de minhas mãos e estatelou-se no chão. No início, fui tomado pela raiva. Logo depois, estava entristecido, juntando os pedaços e tentando montar um quebra-cabeça. Desisti e guardei os restos do pobre pastor em uma caixinha de papelão. "Este ano, a visita será menor", disse a José e a Maria. Não acendi a habitual vela...

No dia seguinte, contemplei meu presépio, sem a alegria das outras vezes. Os animais pareciam cabisbaixos. Os dois visitantes não se aproximavam do pequenino para conhecê-lo. José e Maria esperavam alguém que jamais chegaria. E o Menino Jesus exibia um sorriso triste no rosto. Peguei o "pastor despedaçado". "Vejam quem chegou", disse-lhes, amontoando o novo visitante diante da manjedoura. Ainda assim, a chama permanecia apagada. Evitava olhar para aquelas pequenas estatuetas, incomodado ao pensar que o presépio estava com uma peça quebrada. Irremediável.

---

1. Mensagem enviada originalmente em 22 de dezembro de 2007.

Jamais ele teria a mesma beleza estática dos anos anteriores. "É um presépio moderno, com um camponês desconstruído", tentava me conformar. Ontem à noite, fitei-o à distância. Senti falta da chama amarelada e reconfortante que, em anos anteriores, cobria as figuras com um manto de luz. Deixei de lado minha irritação e me aproximei. Ao acender a pequena vela, tentei evitá-lo... Mas meus olhos foram atraídos para o "rosto" do pobre pastor. Consegui discernir apenas seu sorriso. Sorri com ele. Aquilo parecia uma metáfora pertinente para o Natal. Todo ser humano carrega medos, incertezas, angústias, remorsos. E traz, no coração, feridas que jamais cicatrizam. Algumas vezes, as dores parecem despedaçar nosso coração. É quando procuramos refúgio em nossa "caixinha".

Nessa caminhada que chamamos de "vida", não podemos evitar as quedas nem prever quantas vezes a tristeza irá "desfigurar" o nosso rosto. Mas temos esperança, e, além dela, a certeza de que o Menino Jesus continuará deitado em sua manjedoura, esperando a visita de alguém. Então, quando acendermos a pequena vela de nossa fé, não importará em quantos pedaços nosso coração esteja dividido. Sorriremos e, por um breve instante, nos sentiremos livres. Meus caros amigos, talvez isso seja o mais perto que poderemos chegar dos anjos. Talvez seja esse o verdadeiro sentido do Natal. Se não for, ao menos estou feliz com meu presépio novamente.

A guirlanda de papel e a manjedoura vazia[1]

Minhas reflexões natalinas começaram há duas semanas. Não foram colhidas das centenas de árvores de Natal que cruzei pelo caminho, nem roubadas das imensas sacolas vermelhas de veludo dos inúmeros papais-noéis que encontrei nas ruas, nas lojas... Também não foram inspiradas pelo sorriso do Menino Jesus no presépio. Minhas reflexões natalinas começaram em uma tarde de sábado despretensiosa, em um hospital de São Paulo.

Eu tinha aceitado o convite para ser voluntário em uma festa infantil[2] e passaria horas ajudando crianças a montar guirlandas de papel, alternando dobraduras vermelhas e verdes – que algumas afirmavam serem pretas. No final, cada um dos enfeites era ornamentado por uma esfera de plástico: dourada ou vermelha.

---

1. Mensagem enviada originalmente em 25 de dezembro de 2008.
2. O voluntariado em hospitais é mencionado em outras mensagens de Natal. Oito anos após essa primeira menção, a atividade deixou de ser esporádica. Uma reflexão sobre meu voluntariado na ala pediátrica do hospital Beneficência Portuguesa pode ser conferida nos Anexos, com o título "Voluntariado: uma palavrinha sobre um palavrão", p. 211.

"Para deixar seu Natal mais bonito", eu dizia ao entregar o "presente". Não sei se sua utilidade era evidente para as crianças, nem se o pendurariam na porta de suas casas, mas todas, sem exceção, agradeciam com um sorriso. Após algumas dezenas de guirlandas montadas — e com cola ressecada nos dedos —, tive a estranha sensação de que o Natal havia sido roubado de mim. O Menino Jesus talvez não estivesse mais na manjedoura, com os bracinhos abertos, esperando a visita dos pastores ou os presentes dos reis magos. Ele talvez não fosse mais aquecido pela pequena vela que eu acendia todos os anos para comemorar seu nascimento... Apesar disso, insisti em montar meu presépio, deixando um espaço vazio. Um espaço que deveria ser ocupado naquele mesmo dia, à meia-noite.

Quase no horário, contemplei a manjedoura. Estava prestes a completar o ritual quando me lembrei do sorriso de uma das crianças ao receber a guirlanda de papel. Como a maioria de meu público naquela tarde de sábado despretensiosa, ela era pobre e estava doente. Marcas em seu rosto pareciam cicatrizes vivas, encobrindo seus traços delicados. Mesmo assim, ela sorria. Aquele sorriso se elevava acima de seus sofrimentos passados e dores futuras, e abraçava a eternidade com beleza e inocência. Aquele sorriso foi o mais perto que cheguei do Menino Jesus. E foi com ele — sim, com um sorriso — que preenchi a manjedoura. Meus caros amigos, poderia jurar que, ao acender a vela, Deus sussurrou em meu ouvido: "Para deixar seu Natal mais bonito".

ao acender a pequena vela, Deus sussurrou em meu ouvido: "Para deixar seu Natal mais bonito".

"Me ajude... de coração!"[1]

Há poucas semanas, passei sob um viaduto em São Paulo. Na escuridão suja, alguns objetos quebrados dividiam espaço com restos de comida. Quase no final, enxerguei a imagem de Nossa Senhora, em papel desbotado, e um toco de vela que teimava em queimar. Debruçada no canto, uma criança sobre a caixa de papelão desmontada, brincando com plástico derretido. Uma imagem tão comum que poderia facilmente ser deixada de lado, principalmente no Natal, com tantas luzes coloridas, árvores enfeitadas, animais de contos de fada... Uma imagem tão comum que tentamos deixá-la de lado em nossas vidas. E ficamos incomodados quando ela cruza nossos caminhos.

Poucos dias após tropeçar nessa cena, estava em um restaurante, em uma das melhores regiões de São Paulo. Horário de almoço. Uma criança maltrapilha – e suja – driblou o segurança e abordou mulheres que estavam ao meu lado: "Por favor, me ajude! Eu só quero comer. Me ajude... de coração!". Elas continuaram a conversa, quase indiferentes ao pirralho. Segundos depois, a criança era enxotada do restaurante, com fome. Uma imagem que

---

1. Mensagem enviada originalmente em 23 de dezembro de 2009.

eu deveria deixar de lado, principalmente no Natal, quando minha mesa está repleta de pratos e doces deliciosos.

Durante os preparativos natalinos, consegui deixar de lado essas cenas perturbadoras. Elas não sujaram meus enfeites coloridos nem estragaram o sabor das iguarias. Há alguns dias, chegou o momento de montar meu presépio. Diante da manjedoura vazia, coloquei os animais que teriam aquecido o Menino Jesus em uma noite fria... Arrumei os pastores que o teriam visitado. Os meus carregavam cestos de comida. Para uma família pobre, presentes mais valiosos do que o ouro, o incenso e a mirra. Coloquei Nossa Senhora na palma da mão esquerda e contemplei seu rosto. Seu sorriso terno estava tão desbotado como o da imagem que havia visto debaixo de um viaduto, poucas semanas antes.

Naquele instante, fui assaltado pelas cenas que deixei de lado para não estragarem meu Natal. Fechei os olhos e me lembrei da criança debruçada em um canto sujo, sobre uma caixa de papelão. Uma estrela repousava sobre ela. Pouco depois, estava diante do pirralho maltrapilho que invadiu o restaurante atrás de comida. A estrela brilhava acima de sua cabeça. Podia ouvir a voz de Jesus Cristo soprando em meu ouvido: "Porque tive fome e não me destes de comer, tive sede e não me destes de beber. Era um estrangeiro e não me acolhestes. Estava nu e não me vestistes, doente e na prisão e não viestes me visitar" (Mt 25,42-43).

Foi assim que percebi, mais uma vez, que o Natal não está nas árvores, nos enfeites, nas estatuetas, nas iguarias natalinas, nesta época do ano. O Natal acontece todos os dias, e a estrela guia sempre brilha sobre a cabeça das pessoas que "sujam" nosso dia a dia. Sempre. Dentro de cada uma delas existe uma pequena manjedoura. De lá, o Menino Jesus nos sussurra: "Por favor, me ajude... de coração!".

O Papai Noel de carne, osso e espírito[1]

Em meados do ano, estive na cidade italiana de Bari. Foi uma passagem rápida, de poucas horas. Tive tempo apenas para me perder em suas ruas estreitas e visitar uma imponente basílica[2]. Ali mesmo, na cripta, descobri que estava diante do túmulo de São Nicolau, o bispo que teria inspirado a lenda do Papai Noel. Não gosto do Papai Noel. Recentemente, um estudo disse que ele é um mau exemplo por estimular a obesidade[3]. Mas, acreditem, não é por isso que não gosto do "bom velhinho". Ele sempre me pareceu uma esperança vazia, uma propaganda enganosa, um concorrente desleal ao presépio. Enfim, uma farsa. Diferentemente da canção popular, ele visita os lares abastados com os melhores presentes e deixa as crianças pobres com o coração partido. Ele esconde, com aquele imenso saco de veludo vermelho e repleto de quinquilharias, o sentido do Natal.

Rodeado novamente por centenas de papais-noéis de todos os tamanhos, fecho os olhos e volto a Bari. Penso no homem que

---

1. Mensagem enviada originalmente em 23 de dezembro de 2010.
2. Trata-se da Pontifícia Basílica de São Nicolau.
3. Segundo o especialista em saúde pública Nathan Grills, em artigo publicado no *British Medical Journal*, em 2009.

deu origem ao mito: São Nicolau. De família nobre, ele fazia doações anônimas aos pobres, e sua boa ação preferida era arremessar, durante a noite, sacos nas chaminés de algumas casas. A recompensa era o sorriso das crianças ao encontrar o presente na manhã seguinte. Não à toa, São Nicolau era chamado de "amigo das crianças" e "acolhedor dos pobres".

E o mais interessante é que, segundo minhas pesquisas, ele continua por aí. Apesar de ter morrido em 343 d.C., foi visto na Espanha no Natal de 1583 distribuindo pães para uma multidão de pobres famintos. Sim, acredito nessa história e em tantas outras bem parecidas. Acredito que o espírito natalino não morreu com o santo turco, não ficou confinado em Bari e não está escondido em um saco de veludo vermelho. Principalmente nesta época do ano, ele nos procura. Posso imaginar São Nicolau, ao lado de cada um de nós, dizendo baixinho: "Há muitas crianças pobres e famintas. Você pode me ajudar a distribuir os presentes".

Espero que todos encontrem o verdadeiro Papai Noel e se tornem seus ajudantes, e que os sorrisos de muitas crianças estampem o rosto do Menino Jesus em seus presépios e aqueçam seus corações[4].

---

4. A mensagem original terminava de forma divertida, recomendando um curioso site que descobri naquele ano com a suposta rota do Papai Noel: "Caso prefiram o gorducho falso, sugiro que entrem neste site: http://www.noradsanta.org/. Ho-Ho-Ho".

*"Há muitas crianças pobres e famintas.
Você pode ajudar a distribuir os presentes."*

O segredo de Deus
e o Natal[1]

Pouco após o meu aniversário, fiz uma viagem à Terra Santa. Queria ver de perto os lugares por onde Cristo tinha passado. Desejava tocar o solo sagrado com minhas mãos. Pouco menos de dois meses antes do Natal, me aproximei de Belém, a cidade em que o homem mais festejado deste mês nasceu. Um muro de concreto dividia Israel e Palestina. Um muro separava judeus e muçulmanos. Dentro daquela cidade, prisão a céu aberto, crianças palestinas pobres driblavam a aspereza da vida com a mesma habilidade com que jogavam bola. E, alheias à miséria, sorriam.

Ao chegar à basílica da Natividade, construída sobre o humilde lugar em que o Filho de Deus havia nascido, pessoas de várias partes do mundo se acotovelavam para se aproximar de um dos pontos mais sagrados do cristianismo. A poucos metros dali, um guia turístico russo, com óculos escuros, boné e celular, bloqueava a passagem de um grupo para que o seu entrasse primeiro. Empurra-empurra, briga. Um muro invisível separava católicos, ortodoxos e protestantes. Um muro invisível dividia corações. Ao me ajoelhar diante da estrela prateada que marca o local do nascimento de Cristo, poderia jurar ter ouvido uma voz me dizer uma palavra.

---

1. Mensagem enviada originalmente em 22 de dezembro de 2011.

Uma palavra que não consegui entender. No mesmo instante, fui invadido por um estranho sentimento, um vazio que não poderia ser preenchido por toneladas de terra santa nem por litros de água sagrada do rio Jordão.

Menos de duas semanas do Natal, recebi um convite: visitar uma família de baixa renda. Um convite que não falta nesta época do ano, quando sentimos necessidade de fazer algo para preencher meses e meses de egoísmo. Mas, confesso, não foi uma experiência como as anteriores. E, justamente na época das caridades e mensagens instantâneas, resolvi compartilhá-la com vocês. Um casal da região rural de Taubaté havia adotado mais de vinte crianças abandonadas e, com poucos recursos no bolso e uma fortuna no coração, construído uma belíssima família[2].

Na sala-cozinha da pequena casa, sem reboco nas paredes, um presépio dividia espaço com móveis, fogão, geladeira, cestas básicas, brinquedos. Olhei para um Menino Jesus de gesso. Ele sorria. Aquele sorriso parecia esconder um segredo. Nas horas seguintes, espantei-me ao observar uma pequena criança, com o mesmo sorriso do bebê de Maria, correndo pelo quintal com um menino muito especial chamado Rafael. A mesma criança brincou de esconde-esconde com Miguel e dançou com João. Não sem surpresa, flagrei-a comendo doces com Joana e chupando picolés com Carol. Ela sorria como se tudo fosse uma grande festa, e, com o sorriso, era capaz de derrubar todos os muros que existiam no coração de qualquer pessoa.

Hoje, às vésperas do Natal, terminei a leitura de um livro de G. K. Chesterton[3]. Na conclusão da obra, o escritor inglês sugere

---

2. No decorrer de dezoito anos, o casal Edna Emboava e Acácio Santos acolheu 22 crianças.
3. Refiro-me à obra *Ortodoxia*. No último parágrafo da conclusão, Chesterton observa com maestria: "Houve algo que Ele cobriu constantemente pelo silêncio abrupto ou isolamento impetuoso. Houve algo

que, talvez, o maior segredo de Deus seja a sua alegria. Fechei os olhos e me lembrei da estrela prateada em Belém. Senti um aperto no peito. No momento seguinte, fui inundado pelo sorriso das crianças palestinas jogando bola. Ele se misturava ao sorriso das crianças do interior de São Paulo. Tinham o mesmo reflexo, o reflexo do sorriso do Menino Jesus de gesso no presépio daquela sala-cozinha. Sem querer, fui iluminado com a certeza de que aquelas crianças simples compartilhavam o segredo de Deus. Melhor do que ninguém, elas festejavam – e festejam – o Natal. Hoje, olho meu pequeno presépio e ouço a mesma palavra que ouvi em Belém. E hoje, apenas hoje, descobri exatamente o que ela significa.

---

que era grande demais para Deus nos mostrar quando caminhou sobre a terra; e por vezes tenho imaginado que era sua alegria" (CHESTERTON, 2019e, 215). Após essa obra, li outras do mesmo autor. Todas estão recomendadas nas Referências bibliográficas, no final do livro.

O outro lado do Natal[1]

Ao montar o presépio, meu coração se encheu de alegria quando contemplei o sorriso do Menino Jesus. Em seguida, tive a impressão de ouvir: "Olhe para o outro lado!". Ainda impressionado com a recente chacina de crianças nos Estados Unidos[2], fui arrastado para um trágico episódio que ocorreu pouco após o nascimento de Cristo, o Massacre dos Inocentes (cf. Mt 2,16-18).

Para não ser destronado por um alegado rei recém-nascido, Herodes teria ordenado a morte de todos os meninos, com menos de dois anos, de Belém e arredores. Na Idade Média, acreditava-se que 144 mil bebês e crianças teriam sido brutalmente assassinados pelos soldados do rei da Judeia[3]. Estudos recentes apontam poucas

---

1. Mensagem enviada – e postada – originalmente em 20 de dezembro de 2012.
2. Refiro-me ao atentado ocorrido em uma escola primária na pequena cidade de Newtown, no estado norte-americano de Connecticut, em 14 de dezembro de 2012. O atirador deixou 26 mortos, sendo vinte crianças.
3. Diversos autores medievais interpretaram os 144 mil "resgatados da terra", em Apocalipse 14,33, como o número das inocentes vítimas de Herodes.

dúzias[4]. Impossível saber. De qualquer maneira, sem os Santos Inocentes talvez o Natal seja apenas uma festa desvairada, com árvores luminosas e presépios ornamentais no centro – ou no canto – da sala.

Nessa festa, nos preparamos para o nascimento de Cristo com um banquete que faria inveja ao rei Herodes. Enquanto trocamos presentes, milhares de crianças esperam por um "bom velhinho" que nunca vai chegar. Enquanto celebramos a vida, milhares de inocentes sofrem nos hospitais, e muitos agonizam fora deles. Enquanto falamos sobre o fim do mundo – que, aposto, não será amanhã! –, ele talvez já tenha chegado para a maior parte da humanidade.

Montar o presépio, para mim, é um momento especial. Gosto de apreciá-lo. E sempre aprendo algo diferente. Dessa vez, porém, fui pego de surpresa. "Olhar para o outro lado" é quase sempre assustador. "Olhar para o outro lado" nos mostra o que há de pior em nossos corações. "Olhar para o outro lado" nos faz perceber que milhares de inocentes são massacrados pela vida do lado de fora de nossas casas, e quase nunca fazemos o que está ao nosso alcance. Não queremos perder nossos reinos encantados.

Pela primeira vez, desmontei meu presépio poucos minutos depois de tê-lo montado e coloquei uma gravura de Léon Cogniet[5] no lugar. Neste Natal, não festejarei o nascimento de Cristo. Estarei olhando, com ele, para o "outro lado". Tenho muito a aprender.

---

4. Em 1910, no verbete "Santos Inocentes", a Enciclopédia Católica, baseada em estudos contemporâneos, apontou entre seis e vinte o número das vítimas do rei Herodes. O texto original pode ser conferido no site: https://www.newadvent.org/cathen/07419a.htm. Acesso em: 03 maio 2023.

5. A obra *Scène du Massacre des Innocents* (1824), desse pintor francês, está custodiada no Museu de Belas Artes de Rennes e pode ser apreciada no site: https://mba.rennes.fr/en/the-museum/the-museum-s-must-sees/fiche/leon-cogniet-scene-du-massacre-des-innocents-33. Acesso em: 03 maio 2023.

Meu coração se encheu de alegria quando contemplei
o sorriso do Menino Jesus. Em seguida,
tive a impressão de ouvir: "Olhe para o outro lado!".

Homoousios:
o sentido do Natal[1]

Homoousios[2]. Talvez seja a melhor palavra para iniciar uma mensagem de Natal. Embora, atualmente, quase ninguém saiba seu significado, há quase 1700 anos muitos arriscaram a vida para defendê-la. E outros a perderam por condená-la. Eu poderia, em apenas uma linha, revelar seu significado. Porém, no decorrer dos séculos, milhares de páginas foram escritas na tentativa de explicá-la. Mentes brilhantes enlouqueceram. Renegados encontraram um tesouro.

Homoousios. Esta simples palavra, na verdade duas, esconde algo poderoso. Ela confere ao Natal seu sentido mais profundo. Sem ela, o presépio não passaria de uma representação artística do nascimento de alguém. Poderíamos, sem cometer qualquer equívoco, chamar o bebê na manjedoura de Sócrates, Platão, Sêneca, Leonardo da Vinci... Nelson Mandela. Ou, quem

---

1. Mensagem enviada – e postada – originalmente em 20 de dezembro de 2013.
2. Junção das palavras gregas *homos* e *ousios*, significando "da mesma substância, com a mesma essência". Introduzido no Credo no Primeiro Concílio de Niceia, em 325, esse conceito cristológico afirma que o Filho é da mesma substância do Pai.

sabe, festejarmos os deuses do *jazz*: Charlie Parker, Miles Davis, John Coltrane...

Homoousios. Em vez de celebrarmos o nascimento de ídolos próximos, essa palavra estranha nos atira diante de um judeu obscuro que nasceu em Belém, há mais de dois mil anos, em circunstâncias que, em nosso dia a dia, preferimos manter distância. Nesta época do ano, somos enfeitiçados e enfeitamos nossas casas com o retrato da miséria de uma família pobre. E, em vez de cultivarmos sentimentos sombrios, próprios de nossa natureza, algo revolve nosso coração e traz à tona uma alegria inexplicável. Por quê?

Homoousios é capaz de parar os ponteiros do relógio e, por um breve instante, fazer-nos contemplar a eternidade. O milagre está ao alcance de qualquer um. Quando ele acontece, não importa do que nosso Jesus Cristo seja feito: gesso, madeira, resina, pelúcia... Por trás daqueles olhinhos inanimados e inocentes, nossos olhos cruzam com os de Deus, e ele sorri.

A minha manjedoura[1]

Há 1664 anos, a Festa acontece no mesmo dia. Em 529, um decreto imperial o transformou em feriado[2]. Hoje, o aniversariante deveria ter fôlego para soprar mais de duas mil velas. Graças ao monge Dionísio, a maior parte da humanidade acredita que seriam 2014. Na realidade, o homem que dividiu o mundo ocidental em duas eras – a.C. e d.C. – errou os cálculos[3]. O bolo precisaria de, pelo menos, mais cinco velinhas. Mas isso importaria menos do que o atraso de dois meses para comemorar

---

1. Mensagem enviada – e postada – originalmente em 24 de dezembro de 2014.
2. Em 529 d.C., o imperador bizantino Justiniano decretou feriado nacional para celebrar o Natal, em uma data alegadamente apontada pelo Papa Júlio I, possivelmente em 350 d.C. (ano usado como base para o cálculo apresentado nesta mensagem). Em 1908, no verbete "Natal", a Enciclopédia Católica discute os primórdios da festa no mundo cristão. O texto original pode ser conferido no site: https://www.newadvent.org/cathen/03724b.htm. Acesso em: 03 maio 2023.
3. O monge Dionísio, o Exíguo, morto aproximadamente em 550 d.C., foi o responsável pelos cálculos que dividiram o mundo em antes e depois de Cristo. Ele cometeu, porém, um pequeno erro ao fixar a data do nascimento de Jesus, que teria ocorrido entre 5 e 7 a.C.

a data, já que Jesus de Nazaré teria nascido em setembro[4]. E duvido que ele esteja preocupado com isso. Há dez anos – talvez haja um pequeno erro de cálculo –, tento participar dessa Festa. Não me lembro de ter recebido convite. Minha intenção era apenas descobrir o que tornava a data tão especial. Na semana passada, tive o privilégio de acompanhar um grupo de voluntários em dois hospitais de São Paulo. Minha missão: ajudar a distribuir presentes para crianças internadas. Na primeira parada, conheci vinte e três pacientes de câncer, alguns, ainda bebês. Outros tão debilitados que mal conseguiam rasgar o embrulho. Não era apenas a doença que tinham em comum. Havia algo a mais em seus olhos, algo que transcendia a dor, o sofrimento, a angústia e o tédio. Algo capaz de atravessar meu coração. Com um sorriso singelo, aquelas crianças frágeis ergueram minha alma a alturas colossais. Generosas como ninguém, colocaram em minhas mãos um presente infinitamente maior do que haviam recebido.

Olho para o presépio ao meu lado. A manjedoura deve receber o menino Jesus à meia-noite. Apesar disso, não está vazia. Sou presenteado com dezenas de sorrisos. Tenho certeza de que não desaparecerão com a chama da pequena vela. Estão gravados no meu coração e me convidam para participar da Festa. Há 1664 anos, ela acontece no mesmo dia. A partir de hoje, tentarei celebrá-la o ano inteiro.

---

4. No artigo "Astrônomos e historiadores se unem para desvendar quando Jesus nasceu", publicado no *G1*, o astrônomo Ronaldo Rogério de Freitas Mourão, fundador da cadeira n. 34 da Academia Brasileira de Hagiologia – e meu antecessor nesse sodalício –, discutiu detalhadamente o assunto. Disponível em: https://g1.globo.com/Noticias/Ciencia/0,,MUL237884-5603,00-ASTRONOMOS+E+HISTORIADORES+SE+UNEM+PARA+DESVENDAR+QUANDO+NASCEU+JESUS.html#:~:text=Por%20outro%20lado%2C%20com%20aux%C3%ADlio,meses%20de%20abril%20ou%20maio. Acesso em: 03 maio 2023.

*Não me lembro de ter recebido convite para esta Festa...
A partir de hoje, tentarei celebrá-la o ano inteiro.*

"Noite feliz... Noite feliz"[1]

Enquanto escrevo esta mensagem, o refrão de "Noite feliz" ecoa em minha cabeça: "Noite feliz! Noite feliz!". Antes que minha memória possa completar a canção, sou bombardeado por cenas que perturbaram meus últimos meses. Entre massacres no Oriente Médio, multidões desterradas, corações partidos e esperanças atiradas ao mar, a imagem de um garoto morto na praia faz tremer da cabeça aos pés. Alan tinha três anos. Era sírio[2]. Um pequeno refugiado que, sem cerimônia, escancarou as

---

1. Mensagem enviada – e postada – originalmente em 23 de dezembro de 2015.
2. Em 2 setembro de 2015, a foto de um garoto de três anos, morto em uma praia da Turquia, estarreceu o mundo e escancarou as portas de uma crise humanitária na Síria. Em um barco improvisado no Mediterrâneo, a família de Alan Kurdi tentava alcançar a Grécia. Apenas o pai sobreviveu à tragédia, que ainda vitimou sua esposa e outro filho. Em 6 de setembro daquele ano, durante o *Angelus*, o Papa Francisco fez um apelo internacional para a acolhida de refugiados: "Em face da tragédia de dezenas de milhares de refugiados que fogem da morte devido à guerra ou à fome, e estão a caminho rumo a uma esperança de vida, o Evangelho chama-nos, pede-nos que estejamos 'próximos' dos mais pequeninos e abandonados, para dar-lhes uma esperança concreta. Não dizer apenas: 'Coragem, paciência!...'.

portas de nossas casas. E, sem constrangimento, mostrou o que tentamos deixar do lado de fora. Alan não apenas arrancou lágrimas de milhões de pessoas. Alan arrancou o brilho das estrelas. Noite feliz? Noite feliz?

Há poucas semanas, fui surpreendido pela história de outra criança. Ela nasceu em um dos países mais abastados do mundo, e poderia fazer inveja às conterrâneas de Alan. Não fosse por um episódio aterrador. Um incêndio criminoso matou o pai e os três irmãos mais novos dele. Safyre teve setenta e cinco por cento do corpo devorado pelas chamas. Perdeu mão e pé, e passou por cirurgias para reconstruir o rosto. Safyre tem cinco anos. É norte-americana[3]. Uma pequena sobrevivente que, sem cerimônia, entrou em milhares de casas e, sem constrangimento, mostrou o que nos esforçamos para deixar do lado de fora. A história de Safyre também arrancou lágrimas e fez as estrelas perderem o brilho. Noite feliz? Noite feliz?

Semana passada, encontrei dezenas de crianças hospitalizadas. Quase todas brasileiras. Não eram vítimas de guerras religiosas nem vítimas da loucura humana. No entanto, sofriam nas mãos de inimigos igualmente impiedosos. Inimigos que começaram a devorá-las por dentro. Inimigos que não pretendiam dar trégua nem com a passagem do "bom velhinho" e de seus duendes atrapalhados. Noite feliz? Noite feliz?

A esperança cristã é combativa, com a tenacidade de quem caminha rumo a uma meta segura". O texto, na íntegra, pode ser conferido no site: https://www.vaticannews.va/pt/papa/news/2021-03/papa-francisco-iraque-missa-erbil-encontro-pai-alan-kurdi.html. Acesso em: 03 maio 2023.

3. A história de Safyre tornou-se matéria em alguns meios de comunicação, como o *Washington Post*: https://www.washingtonpost.com/news/inspired-life/wp/2015/12/16/this-8-year-old-arson-survivor-wanted-cards-for-christmas-she-got-hundreds-of-thousands-of-them/. Acesso em: 03 maio 2023.

A música se cala na minha garganta e é abafada em meu peito. Alan, Layah, Michel, Donavan, Safyre, João, Camila, Carlos, Pedro... Lanço um breve olhar para o presépio ao meu lado. A manjedoura está vazia. A manjedoura apenas parece vazia. O carinho e a generosidade das crianças que conheci no hospital aquecem a sala – o inimigo invisível parece ter recuado. Com o rosto parcialmente desfigurado, Safyre também está ali e inunda meu coração com um sorriso arrebatador; um sorriso iluminado por milhares de cartões de Natal que recebeu de desconhecidos ao redor do mundo, desconhecidos que aceitaram seu singelo convite. E, por um instante, tenho a impressão de que Alan apenas dorme. Sim, ele apenas dorme. Quando abrir os olhos, imagino que eles brilharão com a luz de todas as estrelas do céu.

A manjedoura apenas parece vazia. Sem constrangimento e com alguma cerimônia, ela escancara as portas do nosso coração e nos faz renascer. Noite feliz... Noite feliz...

Os refugiados de Belém[1]

Ouvi algumas canções natalinas enquanto esboçava esta mensagem, ao lado de uma bela árvore repleta de piscantes luzes coloridas. Estrondos me fizeram dar um salto da cadeira. As luzes se transformaram em explosões. Gritos apavorados. Choros estridentes.

Apaguei os primeiros parágrafos, e meus olhos deixaram de perseguir São Bonifácio e São Nicolau e fitaram uma cidade castigada pela guerra: Aleppo. Milhares de mortos em cinco anos. Milhares de refugiados. Crianças órfãs e assustadas. A imagem de um garoto resgatado dos escombros atravessou o mundo e tocou milhões de corações. O que o pequeno Omran[2], de cinco anos, e seus conterrâneos refugiados têm a ver com o Natal?

Nesta semana, nossos olhos se voltam para a manjedoura. Há mais de dois mil anos, velando o recém-nascido, José e Maria

---

1. Mensagem enviada – e postada – originalmente em 23 de dezembro de 2016.
2. O retrato do pequeno Omran em uma ambulância, com o rosto coberto por terra e sangue, tornou-se ícone dos massacres em Aleppo, na Síria. Ele foi resgatado pouco após sua casa ter sido bombardeada em um ataque aéreo.

não imaginavam que o nascimento improvisado no meio de uma viagem tumultuada era o começo de uma jornada mais árdua e longa. Pouco depois, precisariam fugir da perseguição atroz de um rei tão sanguinário que nem piscaria os olhos ao ordenar o massacre de bebês, e se refugiariam em um país seguro na época: o Egito. Não há registros históricos da passagem da Sagrada Família por lá[3], mas estou certo de que esses humildes refugiados foram bem acolhidos.

Não importa a época, os episódios da vida de Cristo carregam uma mensagem sempre atual. Como escrevi em anos anteriores, não basta olharmos para o presépio e festejarmos o Natal com nossas famílias. É preciso buscar Cristo além. Neste momento, consigo enxergá-lo em Aleppo e em inúmeros campos de refugiados, fugindo da perseguição atroz e vergonhosa de líderes inescrupulosos. A mensagem é bastante clara. Sim, ela é tão óbvia que me poupa algumas linhas.

Egito, Síria, Palestina... Brasil! Devemos festejar o Natal com alegria. A alegria de que um Deus desterrado (ou, me perdoem o trocadilho, "descelado") habitou – e habita – entre nós. Ele será um estrangeiro em nossos lares até que o acolhamos, com sinceridade, em nossos corações. E então, ao final de nosso desterro neste mundo, seremos por ele acolhidos na Pátria Celeste. Mas não é apenas a alegria que deve estar presente em nosso Natal. É também uma coragem inabalável. Uma coragem que não se esquiva dos ensinamentos mais difíceis daquele bebê que, agora, parece tão inocente na manjedoura. Uma coragem que jamais poderá ser destruída por assassinos covardes, armados com

---

3. Entre os evangelistas, São Mateus é o único a mencionar o episódio (cf. Mt 2,13-15). Embora não haja registros históricos, a tradição atesta a passagem da Sagrada Família pelo Egito. No Cairo, a igreja Abu Serga, dedicada aos santos Sérgio e Baco, teria sido construída sobre um refúgio dos exilados de Nazaré.

bombas, fuzis ou caminhões. Por mais que desejem, jamais conseguirão destruir o Natal e o que ele significa. Mais cedo ou mais tarde, eles descobrirão que o caminho para o Paraíso é o amor. Sim, o amor recria o mundo a partir de algo tão simples como uma manjedoura em um estábulo escuro. O ódio leva a um lugar bem diferente, e nada agradável.

*Ele será um estrangeiro em nossos lares até
que o acolhamos em nossos corações.
E então, ao final de nosso desterro neste mundo,
seremos por ele acolhidos na Pátria Celeste.*

Onde Deus está?[1]

Nesta época, chamada Advento, costumamos nos preparar para o Natal, quando recordamos o momento em que Deus deixou os confins insondáveis do Universo para mergulhar nas profundezas de nossa existência; deixou o Trono Celeste e se abrigou em uma manjedoura. Festejamos um Deus frágil, miserável, perseguido. Um Deus tragicamente humano.

Menos de duas semanas depois, celebramos a Epifania, que traduz ao mundo o sentido do Natal. Reis deixaram o conforto de seus palácios e partiram em peregrinação a uma terra desconhecida, sem se importarem com os perigos da jornada. Na epifania, esses sábios – reis, sacerdotes ou magos – descobrem, em uma casa simples, o que há de mais esplendoroso.

Este ano, enquanto desembrulhava as peças do presépio, aconteceu algo extraordinário. Em um movimento distraído, o personagem mais importante escapou de minhas mãos e se espatifou. Em pedaços, o Menino Jesus espalhou-se pelo chão sujo, alcançando os lugares mais poeirentos debaixo dos móveis.

Passado o susto, comecei a recolher os cacos. No primeiro que coloquei na palma da mão direita, lembrei-me de uma menina de dois anos que conheci há poucas semanas. Sem cabelos por causa

---

1. Mensagem enviada – e postada – originalmente em 23 de dezembro de 2017.

do tratamento do câncer, ela vagava pelo corredor escuro de uma unidade do SUS em um grande hospital. Ao receber um presente, seu rosto se iluminou. E ela sorriu.

No segundo caco, recordei um garoto maltrapilho de sete anos em uma casa improvisada com caixas de papelão. O rosto sujo exibiu um largo sorriso quando ele apanhou um tablete de chocolate. Cada caco que colocava na palma da mão carregava a lembrança de alguém. Foram dezenas de pessoas. Frágeis, miseráveis, perseguidas, sujas, e com algo em comum: ofereciam o melhor refúgio a Deus, um Deus tragicamente humano, um Deus que zomba de seus mais pretensiosos súditos.

O último pedaço que consegui resgatar eram os dois olhinhos, juntos. Eles me fitavam com alegria e espanto, e diziam: "Você já sabe onde me encontrar".

A mais bela das árvores[1]

Recordo-me até hoje das caixas de papelão empoeiradas no alto do armário. Em dezembro, elas sempre deixavam o refúgio e se transformavam em uma bela árvore no meio da sala, com bolas douradas e enfeites metálicos de animais e do Papai Noel. Para uma criança, aquela árvore competia injustamente com o pequeno presépio de peças de barro e serragem.

Já na vida adulta, sempre olhei para o Natal a partir do presépio, embora a árvore continuasse a impor sua presença luminosa, quase mágica – e a disputar as atenções com a Sagrada Família em torno da manjedoura. Na semana passada, recebi a mensagem de uma criança desafortunada que construiu sua árvore com caixas de papelão empoeiradas. E o que elas guardavam saltou diante dos meus olhos, como um segredo já esquecido.

Há cerca de 1300 anos, um missionário de origem inglesa percorria a Baixa Saxônia anunciando o Evangelho. Uma missão que costuma ferir a sensibilidade contemporânea. Naquela época,

---

1. Mensagem enviada – e postada – originalmente em 24 de dezembro de 2018.

Bonifácio[2] não estava interessado em dialogar com a comunidade pagã, que sacrificava crianças para agradar ao deus do trovão. Ele queria acabar com algo abominável. Reza a lenda que o ritual tenebroso acontecia junto ao Carvalho do Trovão, uma árvore considerada sagrada aos povos dali. Em uma véspera de Natal, Bonifácio enfrentou o sacerdote de Thor e conseguiu frear o golpe mortal contra um pequeno infeliz. Seu discurso ecoa até os nossos dias:

> Escutai, filhos do bosque! Não jorrará sangue esta noite. Porque esta é a noite em que nasceu o Cristo, o Filho do Altíssimo, o Salvador da humanidade. Ele é mais justo que Baldur, maior que Odin, o sábio, mais gentil que Freya, o bom. Desde a vinda dele, o sacrifício terminou... A partir de agora, vós começareis a viver. Esta árvore sangrenta nunca mais escurecerá a vossa terra. Em nome de Deus, eu a destruirei[3].

Para desenraizar um costume sombrio e plantar algo novo em seu lugar, Bonifácio apanhou o machado do sacrifício. Mas

---

2. Na audiência geral de 11 de março de 2009, o então Papa Bento XVI fez uma reflexão sobre esse "grande missionário do século VIII... que passou à história como o apóstolo dos Germanos". Batizado como Winfrido, ele ganhou o nome de Bonifácio do Papa Gregório II e foi nomeado arcebispo por seu sucessor, Gregório III. O discurso de Bento XVI sobre o "apóstolo dos Germanos" pode ser conferido no site: https://www.vatican.va/content/benedict-xvi/pt/audiences/2009/documents/hf_ben-xvi_aud_20090311.html. Acesso em: 03 maio 2023.

3. As informações sobre a criação da árvore de Natal por São Bonifácio foram extraídas da matéria "O Santo que criou a árvore de Natal e derrotou com ela o 'deus do trovão'" (*Aleteia*). O texto, na íntegra, pode ser conferido no site: https://pt.aleteia.org/2019/06/05/o-santo-que-criou-a-arvore-de-natal-e-derrotou-com-ela-o-deus-do-trovao. Acesso em: 03 maio 2023.

nem precisou se dar ao trabalho de cortar a "árvore sangrenta". Segundo a tradição, uma ventania a jogou por terra, dividindo-a em quatro partes. A madeira não seria queimada nem destruída, mas usada para a construção de uma capela. O legado mais visível daquele homem surgiria instantes depois. Contrastando com a imponência do carvalho — agora ao chão — havia um singelo abeto. Apontando para ele, Bonifácio teria dito:

> Esta arvorezinha, este pequeno filho do bosque, será nesta noite a vossa árvore santa. Esta é a madeira da paz; é o sinal de uma vida sem fim, porque as suas folhas são sempre verdes. Olhai a sua ponta voltada ao céu! Esta será a árvore do Menino Jesus! Reuni-vos em torno dela, não mais no bosque selvagem, mas dentro dos vossos lares! Ali haverá abrigo e não ações sangrentas; ali haverá presentes amorosos e gestos de bondade[4].

Da mesma maneira que o Papai Noel, nos últimos séculos, acabou se separando de São Nicolau, as imponentes — e luminosas — árvores de Natal deixaram de lado aquele singelo abeto. Uma tradição sem raízes se torna um costume vazio. Coincidentemente, há dois dias, encontrei o Menino Jesus de minha infância repousando à sombra da árvore de Natal, e as palavras de São Bonifácio preencheram meu coração. Sem o Menino Jesus, o pequeno abeto não passa de um Carvalho do Trovão, e nosso lar é arremessado no meio de um bosque sombrio e sem esperança. É o milagre da noite de Natal que transforma um simples arbusto — ou um amontoado de caixas de papelão — na mais resplandecente das árvores. É o bebê na manjedoura quem faz de um mundo sombrio um lugar repleto de esperança.

---

4. Ibidem.

É o milagre da noite de Natal que transforma um
simples arbusto na mais resplandecente das árvores.
É o bebê na manjedoura quem faz de um mundo sombrio
um lugar repleto de esperança.

Versinhos de Natal[1]

1.
Meu amigo, minha amiga,
preste bastante atenção:
vou te contar uma história,
ouça com o coração!

2.
Um anjo desceu do céu.
Seu nome era Gabriel.
Um belo convite trazia
à doce e humilde Maria.

3.
Mais bendita entre as mulheres,
e, por Deus, a mais querida,

---

1. Esta mensagem foi concebida originalmente como um calendário do Advento em forma de árvore de Natal, a partir de uma ideia da Mariana de Assis Viana Mansur. Distribuída a crianças hospitalizadas, os versos deveriam ser lidos a partir de 1º de dezembro até a véspera do Natal. A mensagem, na íntegra, foi enviada – e postada – em 24 de dezembro de 2019.

humilde de coração,
Maria aceitou a missão.

4.
De seu ventre nasceria
o salvador da humanidade,
o vencedor da maldade:
Jesus seu nome seria.

5.
Se virgem era Maria,
como, então, conceberia?
O Espírito Santo a envolveu,
e o milagre aconteceu.

6.
Mas José, ressabiado, se alarmou:
tinha a noiva engravidado?!
Melhor era deixar Maria:
com ela, não mais se casaria...

7.
Numa noite bela e fria,
um anjo lhe apareceu:
"Vais, sim, casar com Maria,
ela espera o Filho de Deus"."

8.
Perto, bem perto dali,
mais milagre acontecia:
Isabel, prima de Maria,
na velhice, concebia.

9.
Com Maria visitando-a,
o ventre de Isabel estremeceu:
era o primo de Jesus, João Batista,
que o Senhor reconheceu.

10.
Junto da prima Isabel,
Maria pulou de alegria
e compôs o *Magnificat*,
a mais bela das poesias!

11.
Tudo ia bem na Galileia,
onde logo nasceria, em Nazaré,
o filho adotivo de José.
Porém, Deus tinha outra ideia...

12.
De um homem chamado Miqueias,
havia uma antiga profecia:
era em Belém, na Judeia,
que um grande rei nasceria.

13.
Com a gravidez adiantada,
Maria não viajaria por nada.
O que, então, faria José
partir com a esposa de Nazaré?

14.
Em Roma, Augusto César
teve um grandioso pensamento:

fazer em toda a Terra
um ambicioso recenseamento.

15.
Cumprindo a ordem imperial,
muitos precisaram viajar,
pois na cidade dos antepassados
é que todos deveriam se alistar.

16.
Assim, o carpinteiro da Galileia
levou a mulher para a Judeia,
terra de seu antepassado, o rei Davi,
terra da profecia de Miqueias.

17.
Em Belém, seus ilustres enviados
bateram sem sucesso em várias portas,
mas Deus sempre escreve certo,
mesmo que por linhas tortas.

18.
Não havia lugar na hospedaria,
e a doce e humilde Maria,
distante da própria família,
a chegada de Jesus pressentia.

19.
Em Belém, desamparado,
pelos seus abandonado,
José confiou a Deus sua Maria.
E, no céu, uma estrela reluzia...

20.
A luz brilhava forte:
era um anjo, um norte,
uma resposta à oração,
o plano de Deus em ação.

21.
"Haveria uma gruta...", José pensava.
Refúgio de animais, não importava.
Ao encontrar a estrebaria,
José pulou de alegria.

22.
Era simples e acolhedora,
com uma única mobília:
a modesta manjedoura.
Para que serviria? José sabia!

23
Pastores da vizinhança,
de um anjo, a boa-nova ouviram.
Com o coração cheio de esperança,
em direção àquela luz, partiram.

24
Céu e Terra se abraçavam
e todos os anjos cantavam:
"Nasceu o Menino Deus, em Belém,
para o nosso bem!".
Feliz Natal para todo mundo,
é o que agora estou dizendo!
No palácio ou na estrebaria,
Jesus continua nascendo.

*Feliz Natal para todo mundo,
é o que agora estou dizendo!
No palácio ou na estrebaria,
Jesus continua nascendo.*

Para você, Deus está aí?[1]

Algumas perguntas chegam dos lugares mais improváveis e resgatam preciosas verdades. Carrego na memória ótimas lembranças de minha viagem ao Líbano, há quase três anos. A pedido da Mariana, montei um roteiro familiar, privilegiando, claro, os lugares sagrados. Um deles, ela me adiantou, seria uma visita quase impossível. A cidade, ao sul do Líbano, era predominantemente muçulmana e pouco amistosa aos turistas cristãos. Em um antigo mercado, jazia escondida uma das joias do cristianismo, uma catedral construída sobre o local onde – a caminho da prisão – São Paulo teria encontrado São Pedro[2]... Era uma visita imperdível.

Chegamos no início da tarde e nos perdemos ao atravessar o limiar daquele labirinto de ruas estreitas e escuras, pouco amistoso

---

1. Mensagem enviada – e postada – originalmente em 21 de dezembro de 2020.
2. A caminho da Itália, o navio em que Paulo estava preso fez uma breve parada em Sidônia. Ali, o centurião Júlio teria permitido ao prisioneiro "que ficasse com os amigos e sob os seus cuidados" (At 27,3). Entre esses amigos, estaria Pedro. Segundo a tradição, o último encontro entre as duas colunas da Igreja teria ocorrido onde atualmente se ergue a catedral ortodoxa de São Nicolau, em Sídon, no Líbano.

ao sinal do GPS. Em plena Copa do Mundo[3], a bandeira do Brasil estendida do lado de fora de uma barbearia trouxe alívio. "Somos brasileiros", anunciei ao dono. "Estamos perdidos e gostaríamos de chegar nessa igreja". Quase todos os libaneses vestiam a camisa de nossa seleção e ele não se importou ao saber que meu interesse ali não era uma das inúmeras mesquitas. "Muhammed, você conhece o caminho", disse ao filho. "Leve-os até lá!" O garoto estava animado em conversar sobre um dos assuntos que menos aprecio: futebol, e parecia conhecer muito bem os jogadores de minha terra natal. Eu conseguia fingir interesse – acho que bem. Com destreza, Muhammed driblou a sinuosidade das ruas e nos levou à catedral. Inesperadamente, ele mudou o rumo da conversa, apontando para a porta trancada: "Para você, Deus está aí?". "Sim...", respondi, desalentado, olhando para a catedral ainda inacessível, e para o rosto já fechado do antes sorridente Muhammed.

O futebol havia sido jogado para escanteio. Ele não disse palavra alguma no caminho de volta e se despediu com um tímido aceno. Neste ano, o Advento em plena pandemia trouxe à minha memória as ruas tortuosas e escuras daquela cidade milenar ao sul do Líbano, e a busca fracassada do lugar do último encontro, nesta vida, entre São Pedro e São Paulo.

Apenas quando vi meu primeiro presépio de 2020 lembrei-me da catedral trancada, curiosamente dedicada ao santo que inspirou o famoso Papai Noel. Então me recordei do fã do futebol brasileiro e de sua oportuna pergunta. O primeiro presépio deste ano não estava iluminado por fora. Ele irradiava luz. Com os olhos na manjedoura, respondi, pela segunda vez: "Sim, Muhammed, Deus está aqui!". Algumas respostas chegam dos lugares mais prováveis e oferecem preciosas verdades.

---

3. Tratava-se da Copa do Mundo de 2018, realizada na Rússia. Na final, disputada em 15 de julho, a França faturou o bicampeonato. Para a tristeza dos torcedores da Seleção Canarinho, entre eles Muhammed, o Brasil ficou em sexto lugar.

Os braços pequenos e frágeis do Menino Jesus[1]

Ele vem até nós. Há poucos meses, um padre cruzou meu caminho; um padre com nome em forma de apelido e senso de humor afiado; um padre que partiu há poucos anos para a Casa do Pai. Nesta mensagem de Natal, gostaria de refletir sobre como ele encontrou o caminho, e como podemos segui-lo em nossa peregrinação por este mundo.

Não poucos caminhos pretendem nos guiar até Deus e ao tão almejado Paraíso. O Natal nos apresenta, porém, uma jornada singular. Em uma entrevista recente do padre Léo[2], gravei na memória estas palavras: "No cristianismo... o céu chegou aqui"[3]. No Menino Jesus, enxergamos um Deus que deixou o mais alto dos céus para mergulhar nas profundezas de nossa miséria. Não podemos nos enganar com a aparente pequenez e fragilidade de

---

1. Mensagem enviada – e postada – originalmente em 23 de dezembro de 2021.
2. Conhecido como "Humorista de Deus", o padre Léo Tarcísio Gonçalves Pereira fundou a Comunidade Betânia para ajudar na recuperação de viciados em drogas. Morto em 2007, encontra-se em processo de beatificação.
3. Entrevista concedida a Jô Soares em julho de 2005.

seus braços. Eles abraçam toda a humanidade. Abraçam cada um de nós, e nos prometem algo grandioso. Para entendê-lo, é preciso olhar além da manjedoura. É preciso acompanhar a jornada daquele bebê até seu retorno à Casa do Pai, a ascensão. Há quase dois mil anos, ele desapareceu nas nuvens diante dos atônitos apóstolos. Apesar da extraordinária partida, ele ainda vem até nós. Todos os dias. E de um modo especial no Natal, quando enxergamos o início da jornada de Deus conosco. E enxergamos com clareza o caminho que devemos percorrer neste mundo. Ele começa naquela manjedoura em Belém. Ele começa em nossos lares... Os braços se agitam em nossa direção, parecem suplicar o nosso colo. Ao carregar aquele bebê em nossos corações – e dar espaço para que ele cresça em nossas vidas –, os braços aparentemente pequenos e frágeis serão capazes de nos carregar ao mais alto dos céus e nos envolver em um abraço, quando cruzarmos a linha de chegada.

Não podemos nos enganar com a aparente fragilidade de seus braços. Eles abraçam toda a humanidade. Abraçam cada um de nós.

O aborto do Natal[1]

AVISO!
A mensagem contém cenas fortes que podem perturbar o seu Natal.
Essa é a minha intenção...

Há nove anos, uma mulher entrou em uma das mais importantes igrejas de Paris, dedicada a Maria Madalena[2] – a santa havia se tornado uma das mais fiéis discípulas de Jesus, ao ter sete demônios expulsos de seu corpo[3]. A mulher do século XXI assustou o coral que ensaiava músicas natalinas. Estava com os seios à mostra e a cabeça coberta por um véu azul e uma coroa de espinhos, uma evidente paródia às personagens

---

1. Mensagem enviada – e postada – originalmente em 20 de dezembro de 2022.
2. Em 1845, o imponente edifício em forma de templo grego clássico, perto da praça da Concórdia, em Paris, foi consagrado pelo arcebispo Denys Auguste Affre. O último imperador do Brasil, Dom Pedro II, teve seu funeral realizado ali, em 1891.
3. Veja, neste livro, o capítulo "A prostituta de Deus e a Páscoa", p. 121. Embora Santa Maria Madalena não tenha sido prostituta, algumas mulheres veneradas pela Igreja o foram antes da conversão. Entre elas, Santa Thaís, padroeira de Alexandria, e Santa Maria do Egito, padroeira das mulheres penitentes.

centrais da Igreja. Estranhas mensagens haviam sido rabiscadas em seu corpo[4]. A encenação ganhou um toque ainda mais perverso quando a mulher exibiu pedaços de fígado de boi e urinou na escadaria do altar. Em sua pérfida imaginação, havia acabado de abortar Jesus. Não duvido que algum dos infelizes espectadores tenha tido a ideia de chamar um exorcista para socorrê-la... Ela saiu da igreja sem dizer palavra alguma. E não tardou para o grupo do qual ela fazia parte entrar em alvoroço pelas redes sociais: "O Natal foi cancelado!"[5].

Aos que chegaram até aqui, peço desculpas novamente por trazer à tona imagem tão grotesca no momento em que deveríamos apreciar nossos belos presépios e reluzentes árvores de Natal. Mas o episódio macabro na Église de la Madeleine é emblemático, sobretudo nesta época. Quase dez anos após a terrível encenação, o Tribunal Europeu de Direitos Humanos condenou o Estado francês a indenizar a mulher – outrora condenada a um mês de prisão (não cumprida) e a uma multa de dois mil euros. Conforme a Corte Europeia, aquela mulher havia exercido seu direito de liberdade de expressão[6]. É possível enxergar aqui a postura do mundo diante do mistério da Encarnação. O mundo não mede esforços para tentar abortar o Natal, seja pelo ativismo

---

4. Entre as palavras rabiscadas no corpo – e traduzidas aqui –, estavam "O Natal está abortado" (nas costas) e "344ª vadia" (na barriga), uma referência ao manifesto das 343 mulheres, em 1971, que reivindicou a legalização do aborto na França. Fontes: AFP e European Centre for Law & Justice.

5. Trata-se do grupo feminista Femen, fundado na Ucrânia, em 2008. Um dia antes da pérfida encenação na Madeleine, uma ativista do mesmo grupo tirou a camiseta na Praça de São Pedro e gritou diversas vezes: "O Natal está cancelado, Jesus foi abortado!".

6. O Tribunal Europeu dos Direitos Humanos condenou o Estado francês a indenizar a ativista de *Madeleine* em 9,8 mil euros, por ter violado sua "liberdade de expressão".

grosseiro de inúmeras pessoas, seja pelo ativismo de grandes organizações, seja pela perseguição religiosa, seja pelo consumismo exacerbado revestido das melhores intenções.

Desde que chegou ao mundo na obscura Judeia, Jesus tornou-se alvo de uma perseguição atroz. O rei Herodes ordenou uma chacina de crianças para destruí-lo[7], e a família precisou buscar refúgio em um reino estrangeiro[8]. Já na vida adulta, ele se tornou um profeta malquisto pelas maiores autoridades religiosas, foi traído por um dos amigos mais próximos e condenado à pena capital reservada aos piores criminosos. O presépio sempre nos arranca sorrisos, mas jamais poderia ser plenamente apreciado sem as lágrimas ao pé da cruz. Aquele inocente bebê está fadado à perseguição, ao sofrimento, à morte excruciante.

Quase dois mil anos depois, milhões de cristãos são martirizados[9], ridicularizados ou ofendidos por intervenções mórbidas, sob o pretexto de liberdade de expressão. Há situações extremas em que se busca extirpar o cristianismo de um país inteiro, e nem precisamos atravessar o Atlântico para chegar a um deles. A pouco menos de seis mil quilômetros de nosso maior aeroporto, um ditador tenta abortar o Natal na Nicarágua[10].

Não poderíamos apreciar plenamente o presépio sem as lágrimas ao pé da cruz. Mas também não poderíamos fazê-lo sem

---

7. Veja o capítulo "O outro lado do Natal", p. 53.
8. Veja o capítulo "Os refugiados de Belém", p. 67.
9. Veja os capítulos "O ramo ensopado de sangue e o grito de Deus", p. 149, e "A crise na Igreja e a Páscoa", p. 157.
10. Refugiada na Espanha desde 2018, uma nicaraguense descreveu a terrível perseguição sofrida pela Igreja em sua terra natal. Sua denúncia e a perseguição ditatorial ao cristianismo no país podem ser conferidas em matéria da *ACI Digital*, no site: https://www.acidigital.com/noticias/catolica-exilada-da-nicaragua-narra-a-horrivel--perseguicao-contra-a-igreja-20521. Acesso em: 03 maio 2023.

carregar no coração o assombro diante do sepulcro vazio. O Natal jamais poderia ser abortado por uma ativista armada com pedaços de fígado de boi, por um rei infanticida, por imperadores sanguinários, por tiranos do terceiro mundo, por extremistas religiosos ou ateus, pelas mais poderosas organizações internacionais. Há quase dois mil anos, Jesus continua nascendo em nossos lares, em nossos corações, em nosso dia a dia, e nos oferece o caminho para além de um lugar obscuro − e muitas vezes desolador −, um caminho para além de um mundo que não desiste de tentar abortá-lo. Para cruzar a ponte, não basta sorrir diante daquele singelo bebê no aconchego de nosso lar. É preciso travar uma guerra diária e acompanhá-lo da manjedoura ao Calvário... É preciso perseverar até o fim[11].

---

11. O fim desta mensagem evoca as palavras de Nosso Senhor no Evangelho de São Mateus: "E vos entregarão a torturas e à morte. Sereis odiados por todos os povos em razão do meu nome. E então muitos cairão. Haverá traições e ódios de uns a outros. Muitos falsos profetas surgirão e não vão ser poucos os arrastados para o erro. Por causa da perversidade crescente, o amor de muitos esfriará. Mas aquele que perseverar até o fim será salvo" (Mt 24,9-13).

*É preciso travar uma guerra diária e acompanhá-lo
da manjedoura ao Calvário...
É preciso perseverar até o fim.*

II
Páscoa do Senhor

O outro discípulo que havia chegado primeiro também entrou, viu e acreditou. (Jo 20,8).

A hora de renascer[1]

A Páscoa é o dia mais importante do calendário cristão. Minha mensagem de Natal (veja o capítulo "O maior presente de Natal") foi ecumênica; escrevi sobre o significado de Jesus Cristo em diferentes tradições religiosas. No entanto, a Páscoa perde significado se estiver dissociada do cristianismo.

Dizer aos judeus e muçulmanos que Deus, como homem, se sacrificou por seus filhos é cometer a mais terrível heresia. Para eles, o Senhor é transcendente e incognoscível, jamais assumiria forma humana e morreria vergonhosamente como um criminoso.

Aos budistas, a mesma afirmação não faz sentido. Eles não acreditam na existência de um Deus pessoal; o sacrifício deve ser individual e tem significado na medida em que subjuga nossas emoções desregradas, contribuindo para a evolução pessoal em um ciclo infindável de renascimentos. O fim último do ser humano é atingir, por ele mesmo, o Nirvana.

Para os cristãos, a Páscoa vem do *Pessach* judaico, mas sua mensagem é diferente. É uma mensagem de fé e, sobretudo, de Amor. O Amor que deixa seu repouso transcendente para se aproximar de seus filhos e assume um rosto para que eles possam

---

1. Mensagem enviada originalmente em 26 de março de 2005.

conhecê-lo. O Amor que se faz solidário ao ser humano em sua peregrinação pelo mundo, permeada de sofrimentos e lágrimas. O Amor que nos levantará quando estivermos imersos na escuridão e sussurrará em nossos ouvidos: "Filho, chegou a hora de você renascer!".

O beijo da traição[1]

A traição de Judas. A razão da escolha deste tema para a mensagem de Páscoa é a recente tradução do apócrifo *O Evangelho de Judas*[2]. O texto apresenta uma imagem do apóstolo diferente daquela dos Evangelhos canônicos. Tradicionalmente, Judas é retratado como um traidor, o homem que, guiado pelo demônio, entregou seu Mestre em troca de moedas de prata. Sem suportar o peso de seu gesto, ele se enforcou fora dos muros de Jerusalém. A maldição atravessa séculos. Crianças ainda malham, na Semana Santa, um boneco a quem chamam de Judas[3]. Nenhuma delas foi batizada com este nome. Ninguém, em sã consciência, ousaria batizar o filho com um nome que se tornou sinônimo de traição.

---

1. Mensagem enviada originalmente em 15 de abril de 2006.
2. Em 6 de abril de 2006, a *National Geographic Society* revelou a única cópia conhecida do apócrifo, desaparecida por quase 1700 anos.
3. Segundo o folclorista Luís da Câmara Cascudo, a tradição de representar Judas em um boneco durante a Semana Santa surgiu na Península Ibérica e foi trazida ao Brasil no período colonial. Os bonecos de palha ou pano eram rasgados e queimados no fim do Sábado de Aleluia (*Dicionário do Folclore Brasileiro*, 1979, 417-419).

Tenho uma imagem de Jesus Cristo no Jardim das Oliveiras, poucos momentos antes de clamar a Deus para livrá-lo daquele cálice. Apesar da terrível angústia em seu coração – ele choraria lágrimas de sangue –, seu semblante é de uma serenidade perturbadora. Naquela mesma noite, acompanhado por soldados armados, Judas foi ao seu encontro... e beijou o seu rosto. Em troca das moedas de prata, o discípulo poderia, simplesmente, ter apontado para Jesus e dito: "É ele". Porém, escolheu entregar o Mestre com um gesto singelo de amor. Alguns especialistas endossam uma tese polêmica: Judas acreditava que Jesus Cristo era o Messias e revelaria seu poder apenas se fosse obrigado a isso. Para o discípulo, esse poder subjugaria os romanos e devolveria Jerusalém aos seus verdadeiros filhos, os judeus.

O Reino de Jesus não era deste mundo. As trinta moedas de prata não pagaram o desespero de Judas ao se deparar com a realidade. Voltemos ao gesto do discípulo no Jardim das Oliveiras. Acredito que o "beijo da traição" também carregava amor e esperança. Ele admirava Jesus e, se os especialistas que mencionei estiverem corretos, esperava que seu Mestre, preso, revelasse a "verdadeira" face. Mas o beijo também escondia incertezas... e medo... e pavor. O Evangelho de Judas retrata um discípulo que desempenhou, com consciência, um papel fundamental na redenção da humanidade. Segundo o texto, o "beijo da traição" fazia parte de um plano meticulosamente arquitetado por Jesus para que a crucificação, de fato, acontecesse. Judas sabia disso. Teria seguido a orientação do Mestre até o fim, e não se arrependeria. Viveria para escrever seu testemunho. Não acredito nisso. Para mim, essa versão apócrifa empobrece o significado do gesto de Judas... e do sacrifício de Cristo.

O gesto de Judas não foi apenas uma traição à mensagem de seu Mestre. Foi uma traição a si próprio. Seu amor por Jesus não era gratuito. Talvez ele quisesse se tornar um homem mais rico – Judas cuidava das finanças do grupo –, e trocou a amizade por trinta moedas de prata. Talvez quisesse se tornar um homem poderoso e entregou o Messias para que ele manifestasse sua glória. Não importa. Judas pagou um preço caro por trair seus sentimentos. Quando o apóstolo percebeu que o verdadeiro tesouro é invisível aos olhos – e o Mestre havia alertado para deixá-lo em um lugar onde nem as traças pudessem corroer nem os ladrões roubar (cf. Mt 6,19) –, ele descobriu que seu coração estava vazio. O desespero roubou até sua esperança. Dependurado em uma árvore, com a corda no pescoço, Judas havia se esquecido de perdoar a si próprio. Não passava de um peso morto. Ele se tornou o reflexo negativo de Jesus Cristo, que, antes de morrer, perdoou a todos, inclusive ao apóstolo "maldito". O ensinamento fundamental da Páscoa é o Amor. O Amor que se doa, sem esperar nada em troca. O Amor que perdoa e renova todas as coisas. O Amor que faz o coração renascer, sempre.

O ensinamento fundamental da Páscoa é o Amor.
O Amor que se doa, sem esperar nada em troca.
O Amor que perdoa e renova todas as coisas.
O Amor que faz o coração renascer, sempre.

As lágrimas de Pedro[1]

Na Páscoa passada, escrevi sobre a traição de Judas. Dessa vez, também quero falar sobre traição. E desespero. Mas com um desfecho diferente. Dirijo, portanto, minha atenção a outro discípulo de Jesus. Quando criança, ouvi uma história intrigante durante a Páscoa. Após negar seu Mestre, Pedro fugiu, atormentado. Enquanto Jesus Cristo era julgado, condenado e crucificado, o apóstolo chorava, escondido de todos. Chorou tanto que as lágrimas marcaram seu rosto[2], para o resto da vida. Naquele ano, não esperei o coelhinho da Páscoa nem achei o ovo de chocolate tão saboroso. Pensava em Pedro e em seu rosto coberto por cicatrizes. Como toda criança, eu já havia chorado inúmeras vezes. Fiquei tão impressionado com aquela história que passei

---
1. Mensagem enviada originalmente em 8 de abril de 2007.
2. Enquanto negava Jesus pela terceira vez, o galo cantou. Os olhos de Pedro, então, cruzaram-se com os do Mestre, e ele se recordou de sua profecia: "...o galo não cantará hoje antes que tu, por três vezes, tenhas negado me conhecer" (Lc 22,34). No Evangelho de São Lucas, esse é o desfecho do episódio: "E, saindo para fora, se pôs a chorar amargamente" (Lc 22,62). Segundo uma tradição piedosa, as abundantes – e pesadas – lágrimas cavaram profundos sulcos no rosto do apóstolo.

horas diante do espelho procurando uma marca, um traço escondido. Não havia nada. Já adolescente, ouvi outra história curiosa sobre Pedro. Anos após ter negado seu Mestre, ele estava em Roma espalhando a Boa-Nova. Era um ato de coragem, pois, como todos os seguidores do Caminho[3], ele seria perseguido. Condenado à morte, pediu aos algozes que o crucificassem de cabeça para baixo[4], pois não era digno de morrer como Jesus Cristo. Ele escolheu o martírio. E, dessa vez, não fugiu. A leitura de vários trechos dos Evangelhos nos permite vislumbrar um retrato de Pedro. Por várias vezes, ele ficou sem entender as parábolas mais simples de Jesus. Não tinha uma fé exemplar e era intempestivo. No Jardim das Oliveiras, esqueceu-se das palavras que recordamos no sermão sobre a Montanha — dar a outra face — e decepou a orelha de um dos guardas designados para prender Jesus[5]. Pedro não era um modelo de

---

3. Nos primórdios da Igreja, os cristãos eram identificados com os seguidores do Caminho. Antes da experiência mística que transformaria sua vida, Saulo foi ao sumo sacerdote e lhe pediu cartas para as sinagogas de Damasco. Pretendia arrastar a Jerusalém homens e mulheres pertencentes ao Caminho (cf. At 9,1,2). Ainda em Atos dos Apóstolos, há o registro da primeira vez em que os discípulos de Jesus passaram a ser chamados de "cristãos", em Antioquia (cf. At 11,26).

4. Artistas como Michelangelo e Caravaggio retrataram a crucificação pouco usual de Pedro, inspirados pela descrição do apócrifo Atos de Pedro.

5. Os Evangelhos sinóticos narram o episódio em que um dos discípulos de Jesus sacou a espada e decepou a orelha do servo do sumo sacerdote. Em todos, Jesus repreende o agressor e devolve a orelha ao lugar. No Evangelho de São João, as personagens são identificadas: "Simão Pedro, que tinha uma espada, puxou dela e feriu um servo do Sumo Sacerdote cortando a sua orelha direita. O nome do servo era Malco" (Jo 18,10).

santidade. Por que Jesus escolheu esse discípulo para ser a "pedra" de sua Igreja? A resposta a esta pergunta revela a essência da mensagem pascal. Pedro era um homem comum. Se vivesse nos dias de hoje, não se destacaria por alguma qualidade excepcional. Não viveria em conventos ou mosteiros. Por bobagem, discutiria com qualquer pessoa. Certamente, não seria um homem devotado à paz. Por que Jesus o escolheu, afinal?

A resposta está justamente nas duas histórias sobre ele, relembradas acima. Na primeira, ele reflete o ser humano em suas angústias, aflições. Quando negou Jesus, e fugiu, tinha a alma repleta de incertezas. Em um lugar seguro, chorou, com as velas apagadas. Envergonhado, não queria encarar o próprio reflexo. Mas amava seu Mestre. Entrou em uma batalha contra o próprio medo. E venceu. No momento de ser crucificado, Pedro estava totalmente vulnerável, à mercê de homens perversos. No entanto, seu coração transbordava de alegria. Seu rosto, coberto pelas cicatrizes da vida, estava em paz, iluminado. Muito antes de morrer, havia se encontrado com o Mestre em seu coração. Antes de deixar o mundo, já vivia no Reino dos Céus. O significado do milagre pascal está na força do Amor que renova a vida e transforma cicatrizes de amargura em sinais de luz. E é justamente essa luz que guia a vida dos cristãos e da Igreja de Jesus.

Muito antes de morrer, havia se encontrado com o Mestre em seu coração. Antes de deixar o mundo, já vivia no Reino dos Céus.

Chocolates, coelhos e Deus[1]

Na última semana, encontrei coelhos de Páscoa dos mais variados estilos. E, nos supermercados, deparei-me com ovos de chocolate de todos os tipos. Dos coelhos, prefiro aqueles que parecem recém-saídos das ilustrações da escritora inglesa Beatrix Potter[2]. E meu chocolate preferido é o amargo. Mas não estou aqui para falar de contos de fada nem de meus interesses gastronômicos, e sim para refletir sobre o sentido da Páscoa.

Páscoa. Para os judeus, significa a passagem da escravidão no Egito à liberdade, e é celebrada com um banquete: carne de cordeiro assada ao fogo, pães ázimos e ervas amargas (cf. Ex 12,8)[3]. Para os cristãos, é a passagem da morte para a Vida. Diversas vezes, busquei o sentido da Páscoa diante de um crucifixo. Os braços abertos de Deus acolhendo todas as angústias e dores de seus

---

1. Mensagem enviada originalmente em 21 de março de 2008.
2. A *História de Pedro Coelho*, publicada em 1901, é a obra mais famosa dessa autora e ilustradora inglesa.
3. A origem de Páscoa é a palavra *Pessach*, que significa "passar ao largo", "pular", "poupar". Em *O quarto cálice*, o teólogo norte-americano Scott Hahn nos oferece a visão cristã da Páscoa a partir de suas raízes judaicas.

filhos. Do alto, ele parecia dizer: "Abram os ouvidos e enxerguem além da cruz!"'. No terceiro dia após o martírio, Jesus Cristo ressuscitaria dos mortos, com as feridas cicatrizadas e o coração restaurado. Seus seguidores, os cristãos, seriam recompensados com a Vida Eterna, a alma repleta de Luz.

Para nós, seres humanos, que peregrinamos por uma vida de incertezas e somos assaltados pelo medo em cada encruzilhada, o que poderia ser mais acalentador do que essa crença? Ontem, porém, confesso que passei a enxergar a Páscoa de outro ângulo. Em vez de olhar para frente – horas após a crucificação –, resolvi olhar para trás, para a Última Ceia. Em certo momento, Jesus levantou-se, tirou o manto, pegou uma toalha e amarrou-a na cintura. Derramou água em uma bacia e passou a lavar – e a enxugar – os pés de seus seguidores.

Na vez de Pedro, o discípulo protestou: "Não! Nunca me lavarás os pés!" (Jo 13,8), mas Jesus retrucou: "Não terás parte comigo se eu não te lavar os pés." (Jo 13,8). Fechei os olhos e, de um modo misterioso, experimentei aquele momento. Como nunca, fui inundado por uma paz restauradora. O motivo? Nas Páscoas anteriores, enquanto estava com a cabeça erguida, contemplando aquele homem suspenso na cruz, esqueci-me de olhar para baixo. Nesse tempo todo, Jesus Cristo estava abaixado diante de mim, tentando lavar os meus pés, e dizendo baixinho: "Faça a mesma coisa!" (cf. Jo 13,15).

* * *

Agora, caros amigos, peço licença para saborear um ovo de chocolate amargo diante de um coelhinho de Beatrix Potter.

Noite escura
e Páscoa[1]

Sexta-feira, refleti sobre a Páscoa diante de uma imagem de Jesus Cristo. Ajoelhado ao lado de uma oliveira, seus olhos contemplavam a escuridão. Ele rezava e chorava, enquanto os discípulos mais próximos dormiam a poucos metros dali. Horas depois, passaria pelos momentos mais terríveis de sua vida. E, quando mais precisava de seu Pai, ele não lhe responderia. As palavras de Cristo pregado à cruz sempre me intrigaram: "Meu Deus, meu Deus, por que me abandonaste?" (Mc 15,34; Mt 27,46)[2], e me

---

1. Mensagem enviada originalmente em 12 de abril de 2009.
2. O grito na cruz só pode ser corretamente compreendido à luz do Salmo 22(21). O justo manifesta seu sofrimento ao Senhor, mas deposita nele a certeza do triunfo final. Em sua reflexão sobre esse grito de Jesus na cruz, na audiência geral de 14 de setembro de 2011, o Papa Bento XVI exortou os fiéis: "Deixemo-nos invadir pela luz do mistério pascal, mesmo na aparente ausência de Deus, também no silêncio de Deus e, como os discípulos de Emaús, aprendamos a discernir a verdadeira realidade, para além das aparências, reconhecendo o caminho da exaltação precisamente na humilhação, e a plena manifestação da vida na morte, na cruz. Assim, depositando toda a nossa confiança e a nossa esperança em Deus Pai, em cada angústia também nós o poderemos suplicar com fé, e o nosso grito de ajuda transformar-se-á em cântico de louvor". O texto, na íntegra, pode ser

assombraram. Basta olhar para o lado para perceber como essas palavras fazem sentido. Vivemos em um mundo repleto de desgraças: crimes violentos, pessoas famintas, doenças impiedosas. Basta olhar para crianças que sofrem – e carregam apenas a culpa da inocência – para que as palavras de Jesus nos surpreendem. Deus parece abandonar seus filhos no momento em que eles mais precisam.

Conheço muitas pessoas que perderam a fé diante das injustiças do mundo. Elas contemplam o céu escuro e veem a solidão, ou ouvem o silêncio de Deus. Um frade espanhol chamado João da Cruz teve uma sensação de vazio terrível, e de completo abandono. Ele chamou a experiência de "Noite escura da alma"[3]. Nessa noite, muitos se perdem e se sentem completamente abandonados. Esse frade deixou uma lição que deve ser lembrada na Páscoa, pois ajuda a entender seu mais profundo significado. Deus nos espera justamente do outro lado da tempestade. Não adianta recuar nem esperar o mau tempo passar. Devemos avançar, sempre enfrentando nossas fraquezas, se quisermos chegar até ele. Vencendo a "noite escura", São João da Cruz encontrou seu maior tesouro. Horas depois de derramar lágrimas de sangue – e sentir o abandono de Deus –, Jesus Cristo se uniu ao Pai.

---

conferido no site: https://www.vatican.va/content/benedict-xvi/pt/audiences/2011/documents/hf_ben-xvi_aud_20110914.html. Acesso em: 03 maio 2023.

3. No poema *La noche oscura del alma*, o místico espanhol São João da Cruz, frade carmelita, traça a jornada da alma desde este mundo até a união com Deus. Posteriormente, ele escreveu um tratado sobre o poema. Na tradição cristã, a "Noite escura da alma" passou a designar o sentimento da ausência de Deus na vida dos que creem.

*Deus nos espera justamente do outro lado da tempestade.
Não adianta recuar nem esperar o mau tempo passar.
Devemos avançar, sempre enfrentando nossas fraquezas,
se quisermos chegar até ele.*

A prostituta de Deus e a Páscoa[1]

Em busca do sentido da Páscoa, meus olhos se voltam para Maria Madalena. Apesar de ser considerada santa, é difícil encontrar uma imagem sua nas igrejas. A razão é simples: poucas pessoas gostariam de se ajoelhar diante da prostituta mais famosa da história. Talvez seja uma injustiça histórica[2] – ou o resultado bem-sucedido de uma conspiração mal-intencionada. Na verdade, isso não importa muito. A maioria dos cristãos a veem como prostituta. E com tantos santos, parece uma boa solução deixar de lado uma "santa suja".

Não é agradável pensar que Jesus escolheu Maria Madalena como uma de suas discípulas. Em alguns relatos apócrifos, ela é a preferida do Mestre e desperta ciúme nos outros apóstolos, sobretudo em Pedro, o primeiro papa[3]. Após a morte de Jesus, ela não

---

1. Mensagem enviada originalmente em 3 de março de 2010.
2. Em uma homilia proferida em 591 d.C., o papa Gregório Magno associou Maria Madalena, em Lucas 8,2, à mulher pecadora que unge os pés de Jesus em Lucas 7, 36-50. São personagens distintos. Tal equívoco perpetuou-se no decorrer dos séculos dando à Maria Madalena a fama de prostituta ou mulher promíscua.
3. No apócrifo Evangelho de Maria, por exemplo, Pedro teria dito: "Então (Jesus) falou secretamente com uma mulher (Maria Madalena),

seguiu nenhum dos antigos companheiros. Segundo a lenda, teria zarpado em um pequeno barco e passado as últimas décadas de sua vida em uma gruta, no sul da França. Naquela região, Maria Madalena ocupa um espaço digno no altar, com seu suposto crânio exposto em um belo relicário[4].

Como essa mulher, supostamente criticada por outros discípulos, amaldiçoada pela história e deixada de lado por boa parte dos cristãos, pode ajudar a entender o significado da Páscoa? Nos últimos momentos da vida de Cristo, quando ele foi traído e quase todos o abandonaram, por medo, ela continuava ao seu lado. E foi uma das mulheres ao pé da cruz. Mesmo consumida pela dor, desejava preparar dignamente o corpo desfigurado de seu amado. Na madrugada de Páscoa, com o céu ainda escuro, foi ao túmulo de Jesus carregando perfumes. E, naquele momento, foi escolhida para anunciar aos outros apóstolos que o Mestre havia ressuscitado. Por que essa mulher?

---

de preferência a nós, e não abertamente? Nós voltamos e todos a escutaram? Ele a preferiu a nós?" (*Apócrifos e pseudoepígrafos da Bíblia*, 599).

4. Segundo a tradição, Maria Madalena teria se refugiado no sul da França durante a perseguição judaica aos primeiros cristãos, em 44 d.C. Em um barco sem vela nem leme, aportaria na atual Saintes-Maries-de-la-Mer, na região da Provence, acompanhada por Lázaro, Marta, Maria Salomé, Maria Jacobina, Máximo, entre outros discípulos de Jesus, e passaria os últimos trinta anos em uma gruta na montanha de Sainte-Baume. Para se aprofundar nessa etapa eremítica de sua vida, sugiro a obra *Maria Madalena na montanha de Sainte-Baume*, de Jean-Yves Leloup (2014). A cerca de 20 quilômetros ao norte da gruta sagrada, Saint-Maximin-la-Sainte-Baume abriga uma basílica com o alegado crânio de Maria Madalena. Em 2015, o hagiógrafo José Luís Lira apresentou a reconstrução facial forense da santa, realizada a partir da relíquia. O projeto foi minuciosamente descrito em sua obra *A face de Santa Maria Madalena e a descoberta de São Sidônio* (2015), em coautoria com o designer Cícero Moraes.

Talvez Maria Madalena seja o melhor exemplo de como o amor redime um coração ferido, de como o amor liberta uma alma atormentada – dizem que sete demônios foram expulsos de seu corpo –, de como o amor nos faz fortes apesar de nossas fraquezas, de como o amor nos faz santos apesar de tantos deslizes.

Hoje, se alguém me perguntasse o que Deus quis dizer com a Páscoa, eu responderia: "Ele quis que admirássemos a verdadeira beleza de Maria Madalena".

O que aconteceu naquela gruta escura?[1]

Enquanto escrevo esta mensagem, uma pequena vela ilumina uma estátua de Jesus Cristo. Suas mãos exibem as marcas da crucificação: duas feridas profundas atravessam a carne. Os pés nus estão quase dilacerados, mas, ainda assim, ele se mantém em pé. A quinta chaga, aberta por uma lança, está encoberta pelo manto branco. A pequena estátua representa Jesus Cristo pouco após a ressurreição, festejada hoje pelos cristãos. Muitas vezes me perguntei o que teria acontecido naquela sepultura, há quase dois mil anos, há quase duas mil Páscoas.

O que teria acontecido naquele sepulcro com aquele homem que gritou na cruz: "Deus meu, Deus meu, por que me abandonaste?"[2]. O que teria acontecido com aquele homem crucificado, traído por um de seus seguidores e abandonado por quase todos os outros? Embora sejam considerados santos, à exceção de Judas Iscariotes, a maioria pretendia fugir de Jerusalém e se esquecer de que algum dia havia estado na companhia daquele "criminoso".

O que aconteceu naquele sepulcro deve ter sido algo extraordinário, capaz de fazer os discípulos enxergarem a vida com outros

---
1. Mensagem enviada originalmente em 24 de abril de 2011.
2. Veja nota 2 do capítulo "Noite escura e Páscoa", p. 117.

olhos. E basta seguir o rastro de cada um deles para saber que se entregaram de alma e corpo – até a morte – para defender aquilo em que acreditavam, não uma ideologia nem uma filosofia ou uma religião, e sim uma verdade tão real que a viram e a tocaram com as próprias mãos.

Há quase dois mil anos, naquela sepultura escavada na rocha, o destino de alguns homens e mulheres mudou para sempre, e, de uma maneira misteriosa e sutil, a humanidade foi renovada. E é essa renovação que os cristãos celebram hoje. Olho para a pequena estátua de Jesus Cristo ao meu lado. Seu semblante não se parece nem um pouco com o rosto desfigurado das representações da crucificação. Exibe um sorriso sereno. Uma das mãos feridas aponta para o coração. Esse foi justamente o caminho que ele ensinou. E ali mesmo nos espera para curar nossas feridas e nos arrancar de nossa própria escuridão.

A chama da pequena vela parece maior e mais brilhante.

*Uma das mãos feridas aponta para o coração.
Esse foi justamente o caminho que ele ensinou.
E ali mesmo nos espera para curar nossas feridas
e nos arrancar de nossa própria escuridão.*

Para encontrar Deus[1]

Não escreverei sobre o sentido da Páscoa. Não vou escolher alguma personagem que esteve presente na crucificação e tentar tatear, às escuras, seus sentimentos. Peço licença para compartilhar uma experiência que tive, não faz muito tempo. Há alguns anos, comecei a percorrer os lugares mais sagrados do mundo. O ponto de partida foi o Caminho de Santiago de Compostela[2]. Após centenas de quilômetros, cheguei a um dos santuários mais festejados do cristianismo. Ao entrar na cripta e me ajoelhar diante dos restos mortais do apóstolo Tiago, ouvi alguém sussurrar: "Estou aqui". Procurei vestígios de Deus. Não encontrei nada.

Anos depois, fui a Lourdes. Os católicos comemoravam o Jubileu do aparecimento de Nossa Senhora[3]. Debaixo de chuva,

---

1. Mensagem enviada originalmente em 7 de abril de 2012.
2. Um testemunho de minhas peregrinações jacobeias foi publicado na revista *Compostela*, da *Archicofradía Universal del Apóstol Santiago*, e pode ser conferido no Anexos, com o título "O caminho da volta", p. 213.
3. Em 2008, a Igreja celebrou o Jubileu de 150 anos das aparições de Nossa Senhora a Santa Bernadette, em Lourdes, França. Na homilia para celebrar o aniversário das aparições, o Papa Bento XVI observou: "Neste lugar, Maria vem ao nosso encontro como mãe, sempre disponível às necessidades dos seus filhos. Através da luz que emana do seu rosto, transparece a misericórdia de Deus. Deixemo-nos envolver pelo seu olhar: este nos diz que somos todos amados por Deus,

andei por lugares marcantes na história da santa vidente Bernadette. Quando cheguei na gruta sagrada, encostei a testa na pedra fria e úmida. Fazia uma oração quando alguém se aproximou e murmurou: "Estou aqui". Olhei em volta à procura de algo que me aproximasse de Deus. E, triste, voltei para o hotel.

Minha busca me levou a refazer os passos de São Francisco de Assis, um homem que conversava com Deus. Em La Verna[4], fiquei sozinho onde o santo costumava rezar e me deitei na pedra que lhe servia de cama. Ao fechar os olhos, escutei, novamente, a mesma voz: "Estou aqui". Olhei para os lados e, mais uma vez, parti de mãos vazias.

Há pouco mais de seis meses, visitei a Terra Santa. A estranha voz me perseguiu em todos os lugares, ou melhor, em quase todos. No penúltimo dia em Jerusalém, quis voltar ao Santo Sepulcro. Centenas de pessoas se aglomeravam para entrar no túmulo sagrado. Infelizmente, eu não tinha tempo para esperar. Estava prestes a ir embora quando um padre me levou a uma pequena capela guardada por um monge copta[5].

---

que jamais nos abandona!". A homilia, na íntegra, pode ser conferida no site: https://www.vatican.va/content/benedict-xvi/pt/homilies/2008/documents/hf_ben-xvi_hom_20080914_lourdes-apparizioni.html. Acesso em: 03 maio 2023.

4. Situado na província italiana de Arezzo, o monte La Verna (em português, Alverne) abriga um dos mais importantes santuários franciscanos. Recebido como doação do conde Orlando de Chiusi no Casentino, São Francisco costumava se refugiar ali para orações e penitências. No verão de 1224, esteve no monte Alverne, pela última vez, para a Quaresma de São Miguel. Na manhã de 14 de setembro, São Francisco teve uma profunda experiência mística. Em forma de serafim, Cristo crucificado desceu do céu e marcou o *Poverello* de Assis com seus estigmas.

5. Trata-se da capela situada atrás da edícula do Santo Sepulcro e sob a custódia da Igreja copta.

Era preciso rastejar para chegar até a base da pedra sobre a qual o corpo de Cristo tinha sido depositado após a crucificação, e de onde ressurgiu dos mortos. Arrastei-me e ali encostei a parte de cima da cabeça. Fiquei com o ouvido colado no chão. Naquele lugar, a voz se calou e ouvi centenas de passos. Eles se misturavam às batidas do meu coração. Foi assim que descobri algo fundamental. Para ter encontrado Deus, não precisava ter rodado milhares de quilômetros. Na verdade, não era necessário ter dado um único passo. Bastava ter olhado na direção certa.

A religião
é uma brincadeira[1]

A religião é uma grande brincadeira. Sei que pode soar estranho, e sei que, a princípio, muitos não concordarão comigo, mas é justamente isso que defenderei nesta mensagem de Páscoa. Há muitos anos, decidido a mudar o rumo da minha vida espiritual, encontrei-me com um lama tibetano. Ele abriu um largo sorriso, quase infantil, e me disse: "Por que você continua procurando? Já encontrou seu caminho. Quando se sentir perdido, basta voltar ao ponto de partida"[2]. Aquilo me deixou perplexo e, confesso, mais confuso ainda.

Tempos depois, enquanto passava diante da catedral[3] que frequentei durante a infância, fui surpreendido pela lembrança

---

1. Mensagem enviada – e postada – originalmente em 27 de março de 2013.

2. Em abril de 1999, o Dalai Lama Tenzin Gyatso esteve no Brasil, pela segunda vez, para ministrar o seminário *Valores Humanos Universais e sua Prática na Vida Cotidiana*. Participei do evento, em Curitiba, e, pouco depois, fui recebido em audiência privada pela lama Tsering Everest. O episódio mencionado é uma reminiscência desse período.

3. Trata-se da catedral de São Carlos Borromeu, em São Carlos, interior de São Paulo.

daquelas palavras: "Basta voltar ao ponto de partida". Depois de muito tempo, entrei novamente naquele lugar, sentei-me em um dos bancos e fechei os olhos. O passado preencheu minha alma e fui arrebatado para a época em que, alheio às outras pessoas, eu brincava naquele mesmo chão. Começava sozinho. Logo, homens e mulheres que ficavam presos nas laterais, em um silêncio estático e sombrio, esparramavam-se ao meu lado, sorrindo. O momento mais esperado era quando o homem pendurado na cruz, acima do padre, se juntava a nós.

O *insight* deve ter durado poucos minutos. Antes de deixar a catedral, já adulto, passei pelos amigos de minha infância: São Carlos, São Francisco de Assis, Santo Antônio, São José, Santa Maria... Jesus Cristo. Todos pareciam presos a um estranho encantamento, ou melhor, eu estava preso a um terrível encantamento, incapaz de enxergá-los com os olhos de criança e, talvez por isso, incapaz de entender plenamente o significado da frase do homem pendurado na cruz: "Deixai as crianças em paz e não as impeçais de virem a mim, pois o reino dos céus é daqueles que lhes são semelhantes!" (Mt 19,14; cf. Mc 10,14).

Hoje, ao tentar vislumbrar o sentido da Páscoa, busquei novamente o ponto de partida. Ele me pareceu bem distante. Até recordar que um dos símbolos da eternidade é o círculo. No fim desse caminho, que chamamos de "vida", é bem possível que retornemos ao mesmo ponto onde algo muito especial tocou nosso coração. Quando a escuridão cobrir meus olhos, espero que o homem celebrado na Páscoa esteja lá para me conduzir pela mão e me levar a um lugar onde encontrarei os amigos nem tão imaginários de minha infância e as pessoas especiais que partiram daqui antes de mim. Sim, caros amigos, a religião é uma grande brincadeira!

...fui arrebatado para a época em que, alheio às outras pessoas, eu brincava naquele mesmo chão. O momento mais esperado era quando o homem pendurado na cruz, acima do padre, se juntava a nós.

Uma farsa grotesca?[1]

Há diversos caminhos para buscar o significado da Páscoa. No início, podemos vislumbrá-lo nas lágrimas desesperadas de Pedro após negar o Senhor. Podemos seguir o rastro dos discípulos que abandonaram a missão quando o Mestre foi preso, ou espiarmos as pessoas que permaneceram ao seu lado até o fim. Por sorte, iremos nos deparar com o olhar desolado de Maria Madalena ao perceber seu Salvador como o mais fraco dos homens e ficaremos frente a frente com a tristeza cortante da mãe ao assistir à morte do filho.

Em algum momento de nossa jornada, cruzaremos com o protagonista. Antes de fitá-lo, pendurado na cruz, seria interessante encontrá-lo no Horto das Oliveiras. Prostrado no chão, Jesus pede ao Pai que afaste de si o cálice, e está tão angustiado que transpira sangue. Não é uma alegoria. Batizado de *hematidrose*, o fenômeno foi observado em pessoas que enfrentaram situações extremas de ansiedade e medo, como um prisioneiro sendo levado para a guilhotina ou uma vítima de tentativa de estupro[2]. Se não

---

1. Mensagem enviada – e postada – originalmente em 19 de abril de 2014.
2. No livro *A crucificação de Jesus*, o legista forense norte-americano Dr. Frederick Zugibe (1928-2013) explica em detalhes o fenômeno médico da hematidrose e ajuda a entender o suor de sangue no

rastejarmos na escuridão – e, de certa maneira, ela faz parte de nossa existência –, jamais alcançaremos o significado da Páscoa. Recentemente, o *The Guardian* publicou um artigo comparando o cristianismo a certos mitos[3]. Segundo o autor, os seguidores de Jesus se apropriaram de crenças mais antigas. Inspirados em deuses como Hórus e Mitra, fizeram o nazareno ressuscitar dos mortos e habitar o "mais alto dos céus". Seguindo esse raciocínio, as verdades cristãs não passariam de uma farsa grotesca. O que o autor escreveu não é novidade, nem o que repetirei aqui. O ser humano, por essência, sempre buscou caminhos para se aproximar dos deuses. Sempre buscou – e muitas vezes criou – um paraíso que transcendesse este mundo incerto e sombrio. E, em certos momentos, a ressurreição fazia parte desse universo mágico.

O que, então, o cristianismo teria de original? E o que a Páscoa, afinal, significa? No terceiro dia após a crucificação de Cristo, algo extraordinário deve ter acontecido. Lembram-se dos discípulos que fugiram apavorados? Tornaram-se capazes de enfrentar as mais terríveis torturas. São Bartolomeu teve a pele retirada de seu corpo e São Pedro pediu para ser crucificado de cabeça para baixo, pois não se julgava digno de morrer como Cristo. O terror estampado nos olhos quando o Mestre foi preso – e morto – cedeu lugar a uma paz inabalável e a uma alegria quase infantil. Não temiam nada. Pelo contrário, iam ao encontro da morte. A tristeza não tinha mais espaço no coração de Maria. E Maria Madalena reencontrou o que perdera na cruz.

Getsêmani: "...reflexo do extremo sofrimento mental de Jesus" (Zugibe, 2008, 20-29).

3. Com o título "As raízes pagãs da Páscoa", o artigo mencionado havia sido publicado quatro anos antes e pode ser conferido no site: https://www.theguardian.com/commentisfree/belief/2010/apr/03/easter-pagan-symbolism. Acesso em: 03 de maio de 2023.

O que os seguidores de Hórus e Mitra tateavam às escuras – ao estilo da caverna de Platão –, os discípulos de Jesus enxergaram como um caminho real. Sabiam que o Mestre já o percorrera antes e seguiria à frente de cada um deles. Sabiam que, no sepulcro escavado na rocha, a Páscoa ganhara um novo significado. Não era mais a passagem do Senhor (cf. Ex 12,11-12). Deus deixara de habitar as alturas colossais e fincara raízes em seus corações. No final desta vida – incerta e sombria –, sabiam que alguém os esperava de braços abertos para uma grande festa. E a boa notícia: somos todos convidados!

O sopro da Páscoa[1]

Agonia, brutalidade, escárnio, abandono, morte. Uma de nossas maiores festas deveria começar revolvendo os corações; deveria nos atirar na direção dos maiores medos; deveria nos deixar frente a frente com tudo o que colocamos de lado para viver o dia a dia. Antes de chegar o momento de abrirmos os ovos de chocolate, enfrentamos uma sexta-feira sombria. Este feriado nos empurra em direção a um abismo, nos arremessa na mais profunda escuridão.

Há poucos dias, uma tragédia surpreendeu o mundo e solapou sua habitual tranquilidade. Em um piscar de olhos, cento e cinquenta pessoas foram atiradas contra o maciço de Estrop[2]. Fomos bombardeados por imagens de destroços do avião e de familiares destroçados pela dor. Por alguns instantes – ou por dias – nossos corações abrigaram sentimentos perturbadores. Ficamos arrasados pela perda de tantas vidas, e assustados com nossa fragilidade. Não sabemos o que nos aguarda na próxima curva.

---

1. Mensagem enviada – e postada – originalmente em 3 de abril de 2015.
2. Em março de 2015, um avião com 150 pessoas, com destino a Düsseldorf, foi arremessado contra o maciço de Estrop, nos Alpes franceses, pelo copiloto suicida. Ninguém sobreviveu à tragédia do voo GWI9525.

Pouco depois, em minha sexta peregrinação a Santiago de Compostela, me defrontei com outra tragédia. Passei no lugar exato em que um trem descarrilou, em julho de 2013[3]. Tão perto do destino final, oitenta vidas foram ceifadas. Em uma grade, dezenas de mensagens de familiares e amigos. Havia tristeza e saudade, e cruzes de diversos formatos e tamanhos. Faltavam cinco dias para a sexta-feira sombria, mas ela acontecia ali, naquele momento. Embora eu permanecesse calado – estarrecido –, algo gritava em meus ouvidos e me assombrava. O final da viagem poderia acontecer a qualquer momento...

Mas a mensagem apenas começa na sexta-feira sombria e é sinalizada pelo sinal hediondo de um suplício. Ela termina com um túmulo vazio e um punhado de gente assustada. Um punhado de gente que percorreu o mundo para testemunhar algo extraordinário. Algo que não preciso repetir na mensagem deste ano. Algo que também revolve nosso coração. Porém, ilumina a escuridão em que estamos mergulhados. A Páscoa nos dá a certeza de que o voo GWI9525 não foi o último daqueles passageiros, de que as vítimas do trem que descarrilou não terminaram a viagem naquela fatídica curva.

A Páscoa é a certeza de que, quando o coração parar de bater em nosso peito, estaremos preparados para receber uma descarga de Vida. Nas dezenas de mensagens sobre o viaduto, perto de Santiago de Compostela, havia algo que transcendia a tristeza e a saudade. Um sentimento que surge quando o desespero dá uma trégua: a esperança do reencontro. É o sopro acalentador da Páscoa.

---

3. Em 24 de julho de 2013, o trem Alvia 04155 descarrilhou pouco antes de chegar a Santiago de Compostela, a cerca de 190 quilômetros por hora, causando a morte de 80 pessoas.

*...havia algo que transcendia a tristeza e a saudade.
Um sentimento que surge quando o desespero dá uma trégua:
a esperança do reencontro. É o sopro acalentador da Páscoa.*

Ressurreição...[1]

Ressurreição. Em maio do ano passado, parti para Turim na esperança de compreender melhor o significado da Páscoa. A pedido do Papa Francisco, a Santa Síndone[2] deveria deixar o cofre e, por uma breve temporada, permanecer em exibição a fiéis e curiosos[3]. A mortalha de linho que teria envolvido o

---

1. Mensagem enviada – e postada – originalmente em 26 de março de 2016.
2. No mundo lusófono, a mortalha de Cristo tornou-se erroneamente conhecida como Santo Sudário devido a uma gravura largamente reproduzida em Portugal, no século XVI. O repetido erro foi eternizado em dicionários da língua portuguesa, nos quais "sudário" e "mortalha" tornaram-se sinônimos.
3. Com o lema *L'Amore più grande*, a exibição extraordinária da Santa Síndone ocorreu entre 21 de abril e 24 de junho de 2015, atraindo cerca de dois milhões de pessoas. Três dias antes do encerramento, o Papa Francisco, em visita pastoral a Turim, observou: "O Sudário atrai para a Face martirizada de Jesus e, ao mesmo tempo, estimula para o rosto de cada pessoa sofredora e injustamente perseguida. Impulsiona-nos na mesma direção do dom de amor de Jesus: 'O amor de Cristo nos constrange': esta palavra de São Paulo era o mote de São Giuseppe Benedetto Cottolengo". O discurso, na íntegra, pode ser conferido no site: https://www.vatican.va/content/francesco/pt/angelus/2015/documents/papa-francesco_angelus-torino_20150621.html. Acesso em: 03 maio 2023.

corpo de Cristo após sua morte – e recebido suas marcas e manchas de seu sangue – é uma das relíquias mais valiosas e controversas da Igreja. Na década de 1980, o "retrato da paixão de Cristo" foi refutado pela comunidade científica após testes de datação por carbono-14[4]. O mistério chegava ao fim. A relíquia não passava de uma falsificação medieval. Nas décadas seguintes, defensores da Síndone apontaram erros na investigação científica e indicaram evidências de sua autenticidade. No tecido, havia vestígios de pólen[5], e era possível rastreá-los até a Palestina do século I. Um de seus maiores estudiosos, o médico legista norte-americano Frederick Zugibe, dissecou o martírio e a morte do Filho de Deus pela imagem impressa no linho e foi enfático em sua conclusão: a Síndone trazia detalhes da fisiologia humana descobertos pela medicina séculos depois do fim da Idade Média, sem mencionar a precisão de alguns detalhes anatômicos[6]. Testes sofisticados sugeriram a presença de moedas

---

4. Em 1988, amostras da Santa Síndone foram submetidas à datação radiométrica por carbono-14, por três diferentes laboratórios. Os resultados indicavam que a relíquia havia sido criada entre 1260 e 1390. Em março de 2019, uma equipe de cientistas franceses e italianos contestou a datação medieval em um artigo na *Archaeometry*, revista de Oxford. Segundo eles, as amostras utilizadas não eram homogêneas.

5. O suíço Max Frei, fundador da palinologia – método forense baseado no estudo do pólen das plantas –, identificou 58 variedades de pólen na Santa Síndone. Três eram de plantas endêmicas na Terra Santa e floresciam ao redor de Jerusalém na época da crucificação de Jesus: terebinto (*Pistacia palaestina*), uma espécie de tamargueira (*Tamarix hampeana*) e uma de carvalho (*Quercus callinprinos*).

6. O legista forense norte-americano Dr. Frederick Zugibe (1928-2013) é autor de um dos mais completos estudos sobre a Santa Síndone do ponto de vista médico. Em sua obra *A crucificação de Jesus*, ele também explica a descoberta de supostas moedas sobre os olhos (ZUGIBE, 2008, 297-301). Na obra *Relíquias sagradas. Dos tempos bíblicos à era digital*, a relíquia é destacada no capítulo 10 (EVARISTO; FARAH, 2020, 144-161).

nas pálpebras do cadáver. Uma delas teria sido cunhada por Pôncio Pilatos em 29 d.C.

Com algumas reservas impressas no bolso – era preciso agendar a visita à Santa Síndone –, muitas dúvidas e algumas certezas, fiquei frente a frente com a relíquia, protegida por um vidro espesso. Por dois minutos, uma freira balbuciou uma oração. No fim, os peregrinos foram convidados a se retirar. A visita havia chegado ao fim. Parti frustrado – imagino que não tenha sido o único – e perturbado. Na segunda vez, roguei a um dos guardas para permanecer ali por um período maior. Peregrinos iam e vinham. Pensamentos e sentimentos se digladiavam: era uma relíquia autêntica? Era obra de algum impostor?

"Preciso de uma resposta", exigi em pensamento. No mesmo instante, as visitas foram interrompidas para a troca de guarda. Fiquei sozinho. Acredito que poucas pessoas tiveram essa chance, e tenham sentido o peso esmagador da solidão. Por alguns minutos, passei os olhos pelas marcas de sangue. Passagens dos Evangelhos passeavam pela minha cabeça. Tentei esboçar algumas preces. Palavras vazias. O que eu mais queria era deixar o lugar. Até que... meus olhos foram arrastados para os do homem da Síndone, e eu percebi, caros amigos, que detrás daquela peça de linho milenar alguém olhava para mim.

Aquele olhar terno – e terrível – carregou-me até os confins do universo para, minutos depois, arremessar-me contra o chão frio da catedral e deixar-me estarrecido diante da controversa relíquia. Era real? Era um embuste? Aquelas perguntas já não faziam mais sentido.

Epílogo

Há três dias, algo transformou o ponto final da mensagem acima. Era Quinta-Feira Santa. Em uma cerimônia religiosa, voluntários lavavam os pés de centenas de pessoas. Notei que alguns fiéis choravam profusamente. Só entendi o significado quando chegou a minha vez. Uma senhora, bastante simples, se ajoelhou aos meus pés. Depois de lavá-los, ela os beijou. Então, estampando um sorriso, olhou em meus olhos. Não era a primeira vez que eu cruzava com aquele olhar, e, com certeza, não seria a última.

Ressurreição!

O ramo ensopado de sangue e o grito de Deus[1]

No último domingo, a Igreja festejou a entrada triunfal de Jesus em Jerusalém. Montado em um jumento, ele foi aclamado por uma multidão com ramos em punho. Havia esperança. Havia histeria. Diante daquele cenário favorável – e excitante –, os discípulos acalentaram o mesmo desejo do povo: ver o Mestre transformar-se em um guerreiro que os libertaria dos inimigos. Melhor do que isso: esmagaria os inimigos debaixo de seus pés.

Não acreditavam que, em poucos dias, o Mestre seria preso, humilhado e sofreria a mais vergonhosa das mortes. Deus não enviaria legiões de anjos para socorrê-lo. Como o povo e quase todos os discípulos, Deus parecia tê-lo abandonado... Deus parecia ter abandonado seu Filho predileto.

Celebrei o Domingo de Ramos em São Paulo. Após uma cerimônia bela – e tranquila –, voltei para casa e tomei uma acolhedora xícara de chá. Algumas horas antes, participando da mesma solenidade, em Tanta e Alexandria, quarenta e cinco cristãos coptas foram brutalmente assassinados por terroristas

---

1. Mensagem enviada – e postada – originalmente em 12 de abril de 2017.

muçulmanos[2]. Foi apenas mais um crime perpetrado contra essa minoria religiosa egípcia, herdeira de um dos discípulos de Cristo, o evangelista São Marcos. Entre as dezenas de imagens do massacre, uma, particularmente, prendeu minha atenção. Um ramo ensopado de sangue. Um singelo ramo ensopado de sangue. Neste momento, nada poderia evocar melhor o significado da Páscoa. A entrada triunfal de Cristo, em Jerusalém, sinalizada por uma multidão agitando ramos, é a aproximação do cadafalso, o prelúdio de uma morte sangrenta, e injusta.

É difícil passar pela tragédia e conservar a esperança. É difícil assistir à morte de inocentes e não se revoltar contra Deus: por que ele não envia legiões de anjos para proteger seus filhos? Por que ele não esmaga os demônios de carne e osso debaixo de seus pés? No ano passado, 90 mil cristãos foram assassinados[3]. Em média, um martírio a cada seis minutos. Quase um terço das mortes foi provocada por extremistas covardes de

---

2. Em 9 de abril, dois ataques com explosivos atingiram a igreja de São Jorge, em Tanta, a cerca de cem quilômetros do Cairo, e a catedral ortodoxa copta de São Marcos, em Alexandria. Os atentados deixaram ao menos 45 mortos e foram reivindicados pelo Estado Islâmico. No mesmo dia, durante a missa do Domingo de Ramos, o Papa Francisco manifestou seu repúdio ao terrorismo: "Rezo pelos defuntos e feridos. Estou próximo aos familiares e a toda comunidade. Que o Senhor converta o coração das pessoas que semeiam terror, violência e morte, e também o coração daqueles que fazem e traficam armas". A matéria sobre o discurso papal pode ser conferida no site: https://noticias.cancaonova.com/especiais/pontificado/francisco/papa-no-angelus-deus-converta-quem-semeia-morte-produz-e--trafica-armas/. Acesso em: 03 maio 2023.

3. Segundo dados do *Centro Studi sulle Nuove Religione* (CESNUR), sediado em Turim. Na obra *Crucificados. Relatos da nova guerra do Islã contra os cristãos*, Raymond Ibrahim (2013) traçou um retrato atual da opressão e do martírio de cristãos por extremistas islâmicos.

grupos como o Estado Islâmico, que assumiu a autoria dos atentados no Domingo de Ramos, no Egito. De 2005 a 2015, segundo o *Center for the Study of Global Christianity*, houve aproximadamente 900 mil assassinatos de cristãos[4]. É difícil olhar para esses dados e não perceber o cristianismo como a religião dos esquecidos por Deus. A religião dos fracassados. Quase dois mil anos após a morte de Cristo, Deus parece calado, e seu silêncio é constrangedor.

A Páscoa, no entanto, ultrapassa a tragédia. O ramo ensopado de sangue é o prelúdio do sacrifício, mas aponta para algo bem além; algo que dá um significado extraordinário a um mundo, aparentemente, mergulhado na escuridão, na crueldade, no caos. Após a morte na cruz, os discípulos se sentiram derrotados. Aquele profeta de Nazaré não passava de um impostor. Um impostor que lhes dera a esperança de um mundo melhor, mas a roubara no último momento. Um perdedor que morrera como um criminoso desprezível. Quase todos fugiram, com medo de sofrer o mesmo destino.

Porém, um milagre aconteceu. Um milagre transformou discípulos vacilantes em homens destemidos. Eles não mais tremiam diante da morte. Eram capazes de se entregar aos piores martírios com um sorriso no rosto. Valia a pena entregar a vida para experimentar, plenamente, a Páscoa. Hoje, quase dois mil anos depois, cerca de 90 mil cristãos seguem, anualmente, o exemplo dos primeiros apóstolos[5] de Cristo. Poderia ser o retrato fiel de uma religião fracassada, o testemunho do silêncio constrangedor de Deus. Mas, lhes garanto, é a prova de que não estamos abandonados aos caprichos do acaso ou ao sadismo de demônios. A cada seis

---

4. As estatísticas podem ser conferidas no site da organização: https://www.gordonconwell.edu/center-for-global-christianity/. Acesso em: 03 maio 2023.

5. Com exceção de São João, todos os apóstolos foram martirizados.

minutos, ouço o grito de Deus. A cada seis minutos, tenho um vislumbre da verdadeira Páscoa. E, desde o último domingo, posso enxergar uma multidão acenando com ramos ensopados de sangue. Eles revelam o caminho para a Pátria Celeste. Não há esperança. Não há histeria. Há apenas felicidade. Uma estranha – e insuspeita – felicidade. Sem ela, este mundo não faz sentido...

Após a morte na cruz, os discípulos se sentiram derrotados... Porém, um milagre aconteceu. Um milagre transformou discípulos vacilantes em homens destemidos.

A Páscoa e uma pergunta desconcertante[1]

No começo da semana, ouvi uma velha pergunta: como Deus é para você? Às vésperas da Sexta-Feira da Paixão, meus olhos se perdem na escuridão do Horto das Oliveiras e flagram um homem prostrado. Sangue, suor e lágrimas enlameiam seu rosto. Ele geme de dor e se confunde com a terra.

Deixo aquele lugar terrível antes da traição. E me refugio em uma sala iluminada. A Última Ceia, imagem comum em salas de jantar abastadas, traz alívio e certo conforto. Até que meus olhos vagueiam com os dos discípulos, e se espantam. O Mestre deixa seu lugar à mesa e começa a se arrastar pelo chão, lavando os pés imundos de poeira. Não me sinto capaz de dar uma resposta. Não sem antes retroceder um pouco mais...

Mais vacilante que alguns discípulos, tento acompanhar seus passos. Consigo ouvir a indignação dos mestres da Lei: "Por que come o vosso Mestre com os publicanos e com os pecadores?" (Mt 9,11). Misturar-se com os impuros – de alma e de corpo – era contagioso e impedia a participação no culto divino. Aquele homem, no entanto, não tinha medo de se cobrir com a imundície dos rejeitados: doentes, miseráveis, marginais, pecadores.

---

1. Mensagem enviada – e postada – originalmente em 30 de março de 2018.

Volto ao Horto das Oliveiras, mas não o encontro. Avanço até o Calvário. À distância, pendurado em uma cruz, ele se confunde com um criminoso. Ao chegar mais perto, meus olhos se assustam com o corpo coberto de sangue, de terra, de barbárie, de injustiça. Enxergo um homem abandonado e terrivelmente sujo. Bem diferente dos crucifixos reluzentes nas casas, nas igrejas. Adianto-me até o Domingo de Páscoa e sigo algumas mulheres até o sepulcro. Pretendem ungir com aromas o corpo sepultado às pressas. Elas se surpreendem com o túmulo aberto e com um jovem com roupa branca, talvez um anjo. Em um silêncio desconcertante, meus olhos parecem alcançar Deus e meus lábios se calam. Não ousaria responder à velha pergunta, mas me atrevo a fazê-la agora: como Deus é para você?

A crise na Igreja e a Páscoa[1]

Enquanto me preparo para participar de mais uma procissão da Sexta-Feira Santa – e acompanhar o cortejo fúnebre de Cristo crucificado –, os corpos de inúmeros cristãos continuam a se amontoar, vítimas do ódio visceral contra a nossa fé. Não por acaso, o andor carregado por quatro homens parece mais pesado a cada ano. Terrivelmente mais pesado...

Enquanto esboço mais uma singela mensagem de Páscoa, no conforto do lar, casas são arrombadas, igrejas incendiadas e profanadas, cristãos barbaramente assassinados. Para os cristãos daqui – e de vários outros países do Ocidente –, é difícil imaginar que o cristianismo é a religião mais perseguida do mundo, embora os ataques covardes atinjam o coração da civilização cristã e resvalem em nossas portas. Este ano, inúmeras igrejas da França – já chamada de "a filha mais velha da Igreja" – foram criminosamente profanadas[2].

---

1. Mensagem enviada – e postada – originalmente em 19 de abril de 2019.
2. Em janeiro de 2020, a Fundação Pontifícia Ajuda à Igreja que Sofre (ACN) divulgou uma preocupante pesquisa realizada pelo Gatestone Institute, segundo a qual, no ano anterior, cerca de três mil ataques haviam sido perpetrados contra igrejas, escolas e símbolos cristãos

Não deixa de ser uma diabólica ironia quando o Ocidente brada contra a islamofobia, mas, vergonhosamente, se cala diante do genocídio de cristãos, ocorrido, sobretudo, em países muçulmanos – dos dez países que mais perseguem cristãos, oito estão sob a sombra do fundamentalismo islâmico. Nos dois últimos anos, por exemplo, cerca de seis mil cristãos foram mortos na Nigéria pelas mãos de tribos jihadistas, em uma limpeza étnica que costuma ser desprezada pela grande imprensa. Também não ecoou por aqui o grito de socorro de Douglas al-Bazi, pároco em Ebril: "Tenho orgulho de ser iraquiano, amo meu país, mas meu país não tem orgulho de que eu faça parte dele. O que está acontecendo com meu povo (os cristãos) não é nada menos do que genocídio. Acordem!"[3].

Segundo a Portas Abertas, organização com sede na Holanda, mais de 245 milhões de seguidores de Cristo são acossados por causa de sua fé[4]. Os cristãos não sofrem apenas nas mãos de impiedosos muçulmanos. A China está entre os mais terríveis exemplos

---

na Europa, incluindo incêndios criminosos, profanações, saques, roubos e vandalismos. A França era um dos maiores alvos. Em apenas uma semana de março daquele ano, doze igrejas haviam sido atacadas. Na obra *Qui en veut aux catholiques?* (2022), o jornalista investigativo Marc Eynaud denuncia a grande perseguição contemporânea à fé católica na França.

3. Sobre o extermínio de cristãos do Iraque, em 2018, e a declaração de Douglas al-Bazi, pároco em Ebril, sugiro a leitura do artigo no site: https://pt.gatestoneinstitute.org/13257/crista-iraque-exterminio. Acesso em: 03 maio 2023.

4. A ONG Portas Abertas publica anualmente a Lista Mundial da Perseguição. Na edição de 2019, a Nigéria encabeçava a lista de martírios, com 86% de mortes de cristãos no mundo entre novembro de 2017 e outubro de 2018. Ainda em maio de 2019, a ONU instituiu o Dia Internacional em Memória das Vítimas de Atos de Violência baseados em Religião ou Crença, comemorado em 22 de agosto. Uma lista atualizada dos cristãos anualmente perseguidos por causa

de intolerância religiosa, a qual nem o acordo com a Santa Sé conseguiu aplacar...[5] Na Coreia do Norte, a perseguição ao "credo ocidental e hostil" também é comunista. Ali, dezenas de milhares de cristãos estão confinados em campos de trabalhos forçados. Na Índia e em Mianmar, os algozes são hindus e budistas. No México, os cristãos estão sob a mira dos cartéis de drogas. É impossível não se assombrar perante tamanha perseguição. É impossível não derramar lágrimas diante de tantos massacres. "Deus meu, Deus meu, por que me abandonaste?": o grito de Cristo na cruz ecoa em milhares de gargantas. Algumas delas, degoladas, como no caso dos 21 coptas mortos pelo Estado Islâmico na costa da Líbia, em 2015[6]. Os coptas também não escapam do

---

de sua fé pode ser conferida no site: https://portasabertas.org.br/. Acesso em: 03 maio 2023.

5. Em uma carta aberta, o cardeal Joseph Zen Ze-kiun expôs a difícil situação da Igreja Católica sob o regime comunista chinês. Um resumo pode ser conferido em matéria da *ACI Digital*, no site: https://www.acidigital.com/noticias/cardeal-explica-grave-situacao-da-igreja-na-china-assediada-pelo-governo-comunista-38061. Acesso em: 03 maio 2023.

6. Em fevereiro de 2015, o Estado Islâmico divulgou um vídeo com a hedionda execução de 21 cristãos coptas na costa da Líbia. Uma semana após a notícia do massacre, Tawadros II, primaz da Igreja copta ortodoxa, inscreveu as vítimas no *Synaxarium*, o livro dos mártires. Oito anos depois, em uma audiência com Tawadros II, o Papa Francisco anunciou que os mártires coptas seriam incluídos no Martirológio Romano, "como sinal da comunhão espiritual que une as nossas duas Igrejas". Já em uma mensagem enviada aos participantes do Dia dos Mártires Contemporâneos, realizado pela Diocese copta ortodoxa de Londres, em 15 de fevereiro de 2021, o Santo Padre havia declarado: "São os nossos Santos, os Santos de todos os cristãos, os Santos de todas as confissões e tradições cristãs. Foram eles que branquearam a sua vida no sangue do Cordeiro...". Disponível em: https://www.vatican.va/content/francesco/pt/messages/pont-

massacre em seu próprio berço: o Egito. O aparente silêncio de Deus é uma resposta assustadora. Por que, afinal, a Igreja fundada por seu Filho está imersa em uma profunda – e inesgotável – crise? Uma crise que vi estampada na catedral de Notre-Dame em chamas, no início de nossa Semana Santa[7]. Ao acompanhar o colossal templo católico sendo consumido, me veio à mente a resposta do afamado filósofo francês Jacques Maritain sobre a crise na Igreja. Ela nos arranca do Calvário e desvela o significado da Páscoa na conturbada história humana:

> Que ingenuidade falar de crise na Igreja! Ela nasceu na grande crise da Sexta-Feira Santa, no Calvário, e continuará em crise até o fim do mundo.
> A primeira etapa da Igreja foi passada nas catacumbas e na arena dos leões. Depois vieram os bárbaros, os filósofos iluministas, os intransigentes da Revolução Francesa e, por fim, o marxismo. Como se não bastasse isso, houve a traição, o comodismo e a fraqueza de muitos de seus filhos.
> Mas a Igreja não é só isso. É a Igreja dos santos, dos heróis, dos mártires. É a Igreja do povo simples e bom. É a Igreja de Jesus... A palavra final da história não será do mal, mas do bem. Será o fim da crise[8].

---

messages/2021/documents/papa-francesco_ 20210215_videomessaggio-martiri-copti.html. Acesso em: 03 maio 2023.

7. Em 15 de abril de 2019, o mundo assistiu estarrecido à mais famosa catedral do mundo arder em chamas. As relíquias custodiadas ali foram salvas do incêndio. O trágico episódio foi retratado na película *Notre-Dame em chamas*, dirigida por Jean-Jacques Annaud e lançada três anos após a catástrofe.

8. Citação atribuída ao filósofo Jacques Maritain, em COLOMBO, Aldo, *O tempo de Deus. Uma reflexão para cada dia da semana*, São Paulo, Paulinas, 2015, 31.

Enquanto me preparo para participar de mais uma procissão da Sexta-Feira Santa, corpos destroçados se empilham sobre o andor. Com os olhos na Páscoa, sei que eles alcançam as portas do céu. Não sejamos ingênuos, essa é "a Igreja dos santos, dos heróis, dos mártires. É a Igreja do povo simples e bom. É a Igreja de Jesus". É a Igreja que nenhum incêndio é capaz de arrasar. É a Igreja que nenhum terrorista conseguirá arruinar. Estejamos preparados para a Festa da Páscoa! Nada é capaz de impedi-la. Jamais!

Enquanto me preparo para participar de mais uma procissão da Sexta-Feira Santa, corpos destroçados se empilham sobre o andor. Com os olhos na Páscoa, sei que eles alcançam as portas do céu.

Um passeio pelo jardim sombrio[1]

Jamais nos acostumaremos a isso. Dia após dia, o inimigo espreita do outro lado da janela. Depois de esvaziar ruas – e igrejas –, ele solapa a esperança de uma trégua e promete ser ainda mais impiedoso durante a Semana Santa. Pela primeira vez, a maioria dos cristãos não poderá reunir a família para festejar a Páscoa, e muitos passarão boa parte do tempo praguejando contra o inimigo. Embora ele tenha transformado nossas casas em prisões, é inegável que também nos oferece uma oportunidade única de viver essa época – e, sinceramente, esperamos que seja a única.

Após celebrar a última refeição com os apóstolos, Jesus buscou refúgio no Getsêmani. Sentindo o peso do destino prestes a se abater sobre ele, confidenciou a Pedro, Tiago e João: "A minha alma está envolta numa tristeza mortal. Ficai aqui e vigiai comigo" (Mt 26,38). A um tiro de pedra dos amigos mais próximos, prostrou-se e suplicou: "Abbá (Pai)! Tudo te é possível: afasta de mim este cálice; porém, não o que eu quero, mas o que tu

---

1. Mensagem enviada – e postada – originalmente em 8 de abril de 2020. Em 11 de março, a OMS havia decretado a pandemia de Covid-19.

queres!" (Mc 14,36). O suor caía em espessas gotas de sangue – um fenômeno médico raro provocado por violento estresse emocional[2]. Essa súplica desesperada ecoa até os nossos dias. Quantas vezes, desde o surgimento do inimigo, ela foi repetida em milhões de preces diárias? Muitas regadas a lágrimas e suores de sangue. Pai! Tudo é possível para ti: afasta de mim – e da minha família – este cálice! Uma prece motivada pelo medo da praga, pelo medo de perder os meios de subsistência, pelo medo de abusos que jamais deveriam existir dentro de casa, pelo medo de perder amigos e familiares... Pelo medo da morte.

Embora o inimigo tenha transformado nossos lares em refúgios, muitas vezes sombrios, também nos arremessa diante de Jesus no Horto das Oliveiras. E, na prece desesperada do Filho, ouvimos o clamor da humanidade inteira. Mas não nos iludamos! Multidões continuarão sorvendo, aos borbotões, do mais amargo cálice e, a muitos, o silêncio de Deus soará como uma brutal indiferença. É preciso dar um passo a mais, ou melhor, um salto no escuro. Jesus nos ensina o segredo na segunda parte da prece: "Entretanto, não se faça como eu quero, mas como tu queres!" (Mt 26,39). Embora esmagado pelo peso de um terrível destino – bastante próximo –, Jesus revela que o melhor caminho é a entrega plena nas mãos de Deus; o melhor caminho para qualquer um, em qualquer lugar, em qualquer época.

Conhecemos o percurso de Jesus após o Getsêmani, um doloroso percurso... No momento derradeiro, porém, ele nos legaria mais um precioso exemplo: "Pai, nas tuas mãos entrego o meu espírito!" (Lc 23,46). A resposta de Deus às súplicas desesperadas de seus filhos é a Páscoa. A melhor resposta.

---

2. No livro *A crucificação de Jesus*, o legista forense norte-americano Dr. Frederick Zugibe (1928-2013) explica em detalhes o fenômeno médico da hematidrose (ZUGIBE, 2008, 20-29).

Acuados em nossos refúgios, somos lançados em um jardim sombrio. Não é difícil encontrar Jesus. Ele está prostrado a apenas um tiro de pedra. Ousemos nos aproximar e acompanhá-lo até o fim da prece: "Meu Pai, se é possível, afaste-se de mim este cálice! Entretanto, não se faça como eu quero, mas como tu queres!" (Mt 26,39). O inimigo nos espreita do outro lado da janela. Dia após dia, ele faz tombar milhares ao redor do mundo, e promete ser ainda mais impiedoso na Semana Santa. Mas jamais poderia solapar a alegria da Páscoa que arrebata nossos corações.

Uma caminhada durante a quarentena[1]

Tristeza, desespero... morte. Na última Páscoa, o inimigo invisível espreitava do lado de fora de nossas casas. Ele havia esvaziado as ruas, e, em plena Semana Santa, deixado as igrejas desertas. De lá para cá, conseguiu invadir incontáveis lares, arrasar famílias... destroçar corações. Chegou bem perto de todos. Não é possível ouvir as terríveis estatísticas sem enxergar rostos conhecidos.

No início desta Semana Santa, em apenas dez minutos, cerca de 25 pessoas perdiam a vida[2]. Embora o inimigo não consiga esvaziar as ruas como outrora, os ataques impiedosos avançam e deixam um rastro de destruição. A chegada de vacinas trouxe um sopro de esperança, é verdade. Mas ainda estamos longe de uma trégua, e somos assolados por novas ondas de outra perigosa epidemia, a da ignorância. Neste período sombrio, muitas preces foram caladas na garganta e outras tantas pareceram não atravessar as nuvens.

---

1. Mensagem enviada – e postada – originalmente em 31 de março de 2021.
2. Até março daquele ano, segundo o consórcio de veículos da imprensa, o Brasil já havia registrado quase 322 mil mortes em decorrência da Covid-19.

Na Páscoa passada, os primórdios da pandemia ofereceram um convite para passear pelo jardim sombrio. No Getsêmani, foi possível encontrar Jesus pouco antes da prisão e acompanhá-lo na prece ao Pai. Neste ano, não arriscaria procurá-lo ali. Ainda aquartelado, iniciei uma caminhada com dois desconhecidos. Embora o percurso tivesse apenas sessenta estádios – cerca de doze quilômetros –, levei alguns meses para acompanhá-los na jornada.

No terceiro dia após a morte de Jesus, dois discípulos partiram de Jerusalém rumo a Emaús, deixando para trás a esperança de um mundo melhor. O futuro promissor parecia ter sido crucificado com aquele eloquente profeta de Nazaré. No caminho, eles conversavam sobre os terríveis eventos que haviam tingido o horizonte com nuvens escuras. Tristeza, desespero... morte.

Em certo momento, foram surpreendidos por um curioso forasteiro: "Que assunto estais discutindo enquanto caminhais?" (Lc 24,17). Com o "rosto sombrio", os discípulos se voltaram para o estranho. Após uma breve censura, ele jogou uma luz sobre a crucificação de Jesus e reacendeu a esperança em seus corações. Ao se aproximarem de Emaús, os discípulos insistiram para que o forasteiro se juntasse a eles: "Fica conosco, porque se faz tarde e o dia vai declinando" (Lc 24,29).

À mesa, o estranho tomou o pão, abençoou-o, partiu-o e o entregou aos dois homens. Apenas naquele momento, seus olhos se abriram e eles o reconheceram. Era o Mestre ressuscitado. Na iminência de uma nova Páscoa com as igrejas trancadas, me volto mais uma vez para os discípulos de Emaús, como os dois se tornaram conhecidos, e começo a arrastar os passos em um caminho curto, de apenas doze quilômetros. Curto e interminável. Tento calcular o número de mortos enquanto esboço esta mensagem. Talvez cem... cento e vinte. Consigo enxergar rostos conhecidos nas estatísticas, mas não percebo a aproximação do forasteiro. Não desta vez.

Com o rosto sombrio, olho pela janela: cai a tarde e o dia já declina, e uma tempestade de final de verão desaba sobre a cidade. Nem as preces fervorosas parecem capazes de atravessar nuvens tão escuras. Um velho convite, repetido tantas vezes, começa a rodear meus pensamentos: "Eis que estou em pé à tua porta e bato! Se alguém ouvir a minha voz e me abrir a porta, entrarei em sua casa e cearemos, eu com ele e ele comigo" (Ap 3,20). Sem dar um único passo, percorro os sessenta estádios e meus olhos se abrem. Então consigo enxergar o mesmo que os discípulos de Emaús: esperança, alegria... vida!

Sem dar um único passo, percorro os sessenta estádios e meus olhos se abrem. Então consigo enxergar o mesmo que os discípulos de Emaús: esperança, alegria... vida!

O olhar terno de Nossa Senhora[1]

Quase todos os apóstolos fugiram. Ao pé da cruz, João amparava Maria, mãe de Jesus. A coragem daquele jovem, irmão de Tiago, seria recompensada. Ele assistiu ao episódio central de nossa redenção e nos legou um importante testemunho dos momentos derradeiros.

Quando retornei ao velho Caminho, demorei um bom tempo para voltar os olhos ao pé da cruz e enxergar Maria. Sei o exato momento em que isso ocorreu e avivou em meu coração o caminho pascal. Em 2009, trabalhava como editor de turismo e fui convidado para uma viagem de navio a partir de Veneza. Alguns dias após o embarque, fui surpreendido por uma breve parada turística. Em Éfeso, na Turquia, levaram-me a uma singela casa de pedra.

Não era uma casa qualquer. Segundo a beata – e vidente – Ana Catarina Emmerich, depois da morte e ressurreição do Mestre,

---

1. Mensagem enviada – e postada – originalmente em 12 de abril de 2022. No mesmo ano em que enviei esta mensagem, outro testemunho pessoal sobre a Virgem Maria foi publicado na coletânea *Eu conto com Nossa Senhora*, com o título "Os dois milagres de Nossa Senhora" (ver em Anexos, p. 215).

João se refugiara em Éfeso com Maria[2]. Aquela casa evocava as palavras de Jesus ainda na cruz: "Mulher, eis aí teu filho!... Eis aí tua mãe!" (Jo 19,26-27). Antes de entregar o espírito ao Pai, ele nos entregaria a sua mãe. Naquela casa simples, ajoelhei-me em um pequeno canto. Durante a interminável procissão de turistas pela capela, ensaiei algumas ave-marias. Palavras em diversos idiomas misturavam-se às preces silenciosas e perturbavam este peregrino acidental. Confesso que não encontrei Nossa Senhora entre aquelas paredes de pedra. O encontro aconteceria meia hora depois...

No ônibus de volta ao navio, virei-me para conversar com um colega jornalista. Apanhei uma medalhinha de Nossa Senhora – havia comprado algumas – e estendi a ele: "Esta é para você não se esquecer dessa visita". Ao fitar a medalhinha, já na palma de sua mão, lágrimas começaram a cair, e ele se apressou em desabafar: "Sou ateu, Fábio. Mas essa mulher estava naquela casa e olhou para mim. Jamais vou me esquecer disso". O colega que havia entrado na casa não era o mesmo que embarcava naquele ônibus. Ele havia sido alcançado pelo olhar terno

---

2. Conforme uma tradição largamente difundida, Santa Maria teria permanecido em Jerusalém, amparando a primeira comunidade de cristãos ali estabelecida. Na obra *A vida da Virgem*, São Máximo Confessor defende essa tradição. Para a mística alemã Ana Catarina Emmerich, após a ascensão de Cristo, Nossa Senhora teria vivido três anos em Sião e três anos em Betânia, antes de se mudar para os arredores de Éfeso com São João. Aquela região tornara-se refúgio de diversos cristãos perseguidos. Baseado nas revelações da beata, o sacerdote francês Julien Gouyet partiu em busca dessa casa e a teria encontrado na encosta de uma região montanhosa, em 1881. Uma década depois, em uma expedição comandada pelo padre Jung, a casa foi redescoberta e tornou-se lugar de peregrinação mariana até os nossos dias. Essa história pode ser conferida em detalhes na obra *Mary's House. The Extraordinary Story Behind the Discovery of the House Where the Virgin Mary Lived and Died*, de Donald Carroll (2002).

de Nossa Senhora, e, nas lágrimas sinceras daquele relutante ateu, a Virgem Maria também me alcançava. E Jesus repetia a mim as palavras ditas a São João ao pé da cruz: "Eis a tua mãe!". A partir daquele momento, jamais soltei as mãos de Maria e, com passos mais firmes, passei a seguir seu Filho no caminho à Casa do Pai.

Epílogo

Na última quarta-feira de cinzas, estive em uma das casas da Mãe, a basílica de Nossa Senhora Aparecida. Ao fitar a imagem de barro, o olhar terno da mãe de Jesus avivou as lembranças em Éfeso. Mas não foram as únicas lembranças que me atingiram naquele momento. O papa havia convocado um dia de jejum e oração pela paz. Uma guerra havia eclodido do outro lado do mundo. Este ano, não me pareceu possível refletir sobre a Páscoa sem embarcar para a Ucrânia...[3]

---

3. Em fevereiro de 2022, exércitos russos invadiram a Ucrânia.

*Nas lágrimas sinceras daquele relutante ateu,
a Virgem Maria também me alcançava.
E Jesus repetia a mim as palavras ditas
a São João ao pé da cruz: "Eis a tua mãe!".*

A guerra dos homens e o contra-ataque de Deus[1]

Desde 24 de fevereiro, uma nova – e horrenda – ferida é aberta na humanidade[2], e clamores pela paz são calados ao estrondo de bombas despencando dos céus. De onde chove a morte, multidões também se voltam em busca da derradeira esperança. Há quase dois meses, imagens terríveis trazem o horror para nossas casas. Crianças mortas, milhões de refugiados, famílias arrasadas.

Nesta Quaresma, fui perseguido pelo sorriso de vítimas inocentes, especialmente o das pequenas Polina e Sofia[3]. Na iminência da Páscoa, porém, três imagens começaram a reclamar minha

---

1. Mensagem enviada – e postada – originalmente em 17 de abril de 2022.
2. Em fevereiro de 2022, exércitos russos invadiram a Ucrânia, dando início a uma guerra de longa duração. Segundo o Alto Comissariado da ONU para Direitos Humanos, mais de oito mil civis foram mortos durante o primeiro ano do conflito.
3. As crianças ucranianas Polina e Sofia foram mencionadas em matéria da BBC com o título "Invasão da Ucrânia: as crianças mortas na guerra com a Rússia". O texto pode ser conferido no site: https://www.bbc.com/portuguese/internacional-60553635. Acesso em: 03 maio 2023.

atenção. Em uma delas, um idoso ucraniano está abraçado à cruz diante de uma igreja em Lviv. Embora seu rosto esteja encoberto, a face martirizada de Jesus volta-se para ele[4]. Como não vislumbrar naquele homem indefeso o sofrimento de todo o povo? Porém, ali, um silêncio constrangedor parece pairar no alto da cruz.

Outra imagem dessa guerra vem à mente na iminência da Páscoa. Pouco após o início da covarde invasão da Ucrânia, uma rede televisiva flagrou um grupo de pessoas ajoelhadas, em oração, na praça principal de Kharkiv[5]. Nas semanas seguintes, a cidade seria duramente castigada e centenas de vidas inocentes se perderiam. A resposta à prece daquelas pessoas parecia ter se perdido a caminho do céu.

A terceira imagem, porém, nos ajuda a escutar a resposta de Deus. Homens carregam Jesus crucificado a um abrigo. Ele não está mais na cruz da catedral armênia de Lviv. Antes disso, havia sido tirado de lá na Segunda Guerra Mundial[6]. Esse raro acontecimento nos permite seguir as pegadas de Jesus crucificado: ele

---

4. A imagem foi captada pelo fotógrafo Dennis Melnichuk, em 24 de fevereiro de 2022, diante da igreja e mosteiro bernardinos. Em entrevista à agência CNA, ele revelou: "Senti que o meu coração tremia de incredulidade e comoção. Também senti que a fé crescia no meu coração". A foto e a história por trás da imagem podem ser conferidas no site: https://www.catholicnewsagency.com/news/250579/viral-photo-of-ukrainian-man-hugging-crucifix. Acesso em: 03 maio 2023.

5. A cena foi flagrada por Clarissa Ward, correspondente da CNN na Ucrânia. A reportagem pode ser assistida no site: edition.cnn.com/videos/world/2022/02/24/russia-ukraine-clarissa-ward-people--praying-town-square-sot-dlt-vpx.cnn. Acesso em: 03 maio 2023.

6. O registro do episódio veio à tona no Twitter de Tim Le Berre, em 5 de março de 2022. Uma matéria da *ACI Digital* sobre o assunto pode ser conferida no site: https://www.acidigital.com/noticias/catedral-protege-imagem-de-cristo-em-abrigo-antiaereo-na-ucrania-67837. Acesso em: 03 maio 2023.

está ao lado de cada família arrasada, ao lado dos milhões de refugiados, ao lado dos feridos, ao lado dos acossados em abrigos. Jesus sofre ao lado dos mais fracos.

Mas essa é apenas parte da resposta de Deus. Não devemos permanecer com os olhos na cruz. Devemos completar a jornada até a Páscoa e lançar o olhar para o sepulcro. Um sepulcro vazio. Naquele lugar, temos a certeza de que o Pai não abandonou o Filho após a brutal – e injusta – morte. Ali, conseguimos ouvir o eco da prece do grupo na praça em Kharkiv e escutar os batimentos do coração do senhor na praça em Lviv. Naquele lugar, as fronteiras deste mundo – muitas vezes injusto e cruel – ultrapassam bombas e aviões de guerra e chegam às portas do Paraíso. E é ali, onde depositamos nossa derradeira esperança, que as vítimas inocentes dessa guerra, desta vida, deste mundo, como as pequenas Polina e Sofia, jamais perdem o sorriso.

O sacrifício da cruz e o sepulcro vazio[1]

Um mosteiro encravado na cordilheira Cantábrica ao norte da Espanha, uma imponente catedral gótica no coração das Astúrias. A breve viagem em agosto passado me arrastou a duas relíquias da paixão e morte de Jesus. O maior tesouro do mosteiro de São Turíbio de Liébana tinha desembarcado ali no século VIII. Segundo a tradição, aquela relíquia fazia parte da cruz em que Cristo tinha agonizado até a morte, e ainda conservava o buraco em que uma de suas mãos havia sido pregada[2].

---

1. Mensagem enviada – e postada – originalmente em 7 de abril de 2023.
2. Entre os séculos VIII e IX, essa relíquia da cruz teria sido trasladada para lá juntamente com as relíquias de São Turíbio, o primeiro bispo de Astorga. Segundo a tradição, esse santo prelado, ainda no século VI, carregara consigo o tesouro desde Jerusalém. Trata-se do braço esquerdo da cruz alegadamente descoberta por Santa Helena, em uma cisterna a leste do Gólgota. Em 1958, testes científicos revelaram que a madeira é da espécie *Cupressus Sempervirens L.*, variedade autóctone da Palestina, com idade superior a dois mil anos. No início do século XVI, o papado garantiu ao mosteiro o privilégio de celebrar o Jubileu sempre que a memória litúrgica de São Turíbio, em 16 de abril, coincidir com o domingo. Mais informações podem ser obtidas no site do mosteiro: https://www.santotoribiodeliebana.es. Acesso em: 03 maio 2023.

Carregando em torno do pescoço a pequena cruz com a qual fui batizado, cheguei ali com a certeza de poder repetir o ritual de milhares de peregrinos no decorrer dos séculos: tocar o lenho sagrado, tocar o coração pulsante de nossa redenção. Desde a pandemia de Covid-19, porém, o ritual havia sido temporariamente suspenso. Teria que me contentar em contemplar a relíquia – a viga de madeira havia sido serrada e montada em forma de cruz – em seu relicário de prata dourada. Enquanto ensaiava uma prece, fui interrompido. Dessa vez, não pela voz ruidosa de turistas curiosos nem pela oração efusiva de piedosos devotos, e sim por uma agradável brisa de origem misteriosa. Assaltou-me a lembrança do profeta Elias (cf. 1Rs 19,10-15). Enquanto esperava o Senhor, no alto de um monte, ele foi surpreendido por um furacão e um terremoto. E, então, pelo fogo. Apenas ao ser atingido por uma brisa suave, Elias sentiu a divina Presença. Naquele mosteiro milenar encravado na cordilheira Cantábrica, Deus se fazia perceber em uma leve – e persistente – brisa. E, ali, ele tocava em meu rosto com uma suavidade da qual jamais vou me esquecer. O sofrimento excruciante na cruz revelava a delicadeza do Senhor em vir até nós... e nos abraçar em nossas fraquezas, em nossas misérias.

Pouco depois, parti para uma peregrinação quase desconhecida em nossos dias, o Camino de San Salvador[3]. Alguns peregrinos medievais faziam um pequeno desvio da meta final, Santiago de Compostela, para chegar à catedral de Oviedo. Desde o século IX, ela guardava um misterioso tesouro. Reza a

---

3. O *Camino de San Salvador* liga León a Oviedo, perfazendo 122 quilômetros. A motivação dos peregrinos medievais para fazer esse desvio foi bem expressa nos versos que chegaram aos nossos dias: "Quien va a Santiago/ Y no a San Salvador/ Sirve al criado/ Y olvida al Señor" (em português, "Quem vai a Santiago/ E não a San Salvador/ Serve ao criado/ E se esquece do Senhor").

lenda[4] que um desastre teria acontecido em 1035, quando o bispo ordenou a abertura da arca. Uma forte luz de origem misteriosa teria cegado alguns dos presentes e adiado a tentativa de desvendar o segredo. Quarenta anos depois, os tesouros foram finalmente trazidos à tona. Havia relíquias de Santa Maria e dos apóstolos. A joia mais preciosa foi identificada com o Sudário de Jesus, o tecido usado por José de Arimateia para cobrir a cabeça de Cristo no transporte da cruz ao sepulcro. Era o tecido encontrado por João e Pedro no domingo de Páscoa, enrolado em um lugar à parte (cf. Jo 20,7).

Embora boa parte das relíquias esteja em exibição permanente na Câmara Santa, construída no século IX para albergar os tesouros, o Sudário é exibido em raras ocasiões[5]. Nos meses anteriores à viagem, tentei conseguir um acesso privilegiado à relíquia[6]. Sem sucesso. Teria que me contentar em apreciar, atrás das grades, a réplica fiel suspensa no centro da sala. Ao me ajoelhar ali, nuvens escuras encobriam o céu e impediam a entrada da luz do dia por uma janela na parte de trás. Em um primeiro momento, corri meus olhos por preciosas relíquias e, então, os fiz passar por aquele tecido retangular com manchas castanho-claro de diversas tonalidades, recordando pesquisas recentes que apontavam coincidências espantosas entre aquela relíquia e a Santa Mortalha, custodiada em Turim[7]. Dessa vez, enquanto ensaiava

---

4. FERNÁNDEZ, López Enrique, *El santo sudario de Oviedo*, Granda-Siero, Madú Ediciones, 2004, 223-227.
5. A relíquia é exibida publicamente apenas na Sexta-Feira da Paixão e na semana de 14 a 21 de setembro.
6. Após diversos estudos realizados e artigos escritos, planejei minha segunda visita à Câmara Santa imaginando que, dessa vez, conseguiria apreciar a relíquia original.
7. Sobre minha experiência diante da Santa Síndone, ver o capítulo "Ressurreição...", p. 145. A correspondência entre as duas relíquias foi

uma prece, a luz do sol me deteve e me carregou ao sepulcro vazio com os apóstolos Pedro e João. A observação do evangelista não passou despercebida por este discípulo do século XXI: "...viu e acreditou" (Jo 20,8). Um mosteiro encravado na cordilheira Cantábrica ao norte da Espanha, uma imponente catedral gótica no coração das Astúrias: a breve viagem em agosto passado me arrastou a duas importantes relíquias da paixão e morte de Jesus. Diante desses fascinantes objetos, minhas palavras incertas foram caladas por uma inesperada brisa e pela repentina luz do sol. Na singeleza deste mundo encrespado, Deus abria os meus olhos ao grande mistério da Páscoa...

---

inicialmente apontada pelo monsenhor Giulio Ricci, após o estudo geométrico das manchas em ambos os tecidos. O palinólogo suíço Max Frei endossou a hipótese, provando que ambas as relíquias compartilhavam espécies de pólen em comum. Três eram endêmicas e floresciam ao redor de Jerusalém na época da crucificação. Em outra pesquisa surpreendente, o Dr. Baima Bollome apresentou a análise hematológica do sangue do sudário. Era do tipo AB com perfil genético similar ao da amostra colhida na mortalha em Turim. Na obra *Relíquias sagradas. Dos tempos bíblicos à era digital*, a relíquia é destacada no capítulo 11 (EVARISTO; FARAH, 20020, 162-175).

O sepulcro vazio e o corpo de Cristo[1]

Eu sou o pão da vida.
Quem vem a mim não terá mais fome
e o que crê em mim não terá mais sede
(Jo 6,35).

Onde está o corpo de Cristo? Segundo diletos membros da elite judaica de sua época, ele teria sido roubado secretamente pelos discípulos[2]. Para São Paulo, essa mentira poderia ser facilmente descartada pelo testemunho de mais de quinhentas pessoas que viram Jesus após a ressurreição (cf. 1Cor 15,6). Ele próprio havia tido um encontro privilegiado com o Senhor. Durante uma viagem a Damasco, foi surpreendido por uma misteriosa luz vinda das nuvens, e pela voz daquele que já tinha subido aos céus: "Eu sou Jesus, a quem persegues" (At 9,5).

---

1. Mensagem enviada – e postada – originalmente em 9 de abril de 2023.
2. No Evangelho de São Mateus, os chefes dos sacerdotes e os anciões ofereceram uma vultosa quantia em dinheiro para os soldados sustentarem essa farsa. A instrução precisa teria sido: "Dizei: 'Os seus discípulos foram de noite roubar o corpo, enquanto estávamos dormindo!'" (Mt 28,13).

Sem a ressurreição, o cristianismo não passaria de uma farsa[3] ou, na melhor das hipóteses, de uma fábula. Qualquer cristão que se preze deveria se empenhar em uma busca pelo corpo de Cristo. As maiores crises da vida, garanto, poderiam ser resolvidas com uma simples resposta. Para mim, essa busca, já na vida adulta, começou há quase vinte anos e teve um importante marco em minha primeira peregrinação a Santiago de Compostela[4]. Com mais de seiscentos quilômetros percorridos e uma dor aguda no joelho direito, finalmente cheguei ao Cebreiro, um dos pontos emblemáticos do Caminho francês. Ali, no santuário de Santa Maria a Real, construído no século IX, passei um bom tempo em um pequeno altar lateral apreciando duas curiosas relíquias. Segundo a tradição, em 1300 d.C. um sacerdote beneditino incrédulo havia se surpreendido com a presença de um único fiel para a missa e teria deixado escapar: "Vir com este tempo de tão longe apenas para se ajoelhar diante de um pouco de pão e vinho!"[5].

A surpresa maior estava por vir. No momento da consagração, hóstia e vinho se transformaram em carne e sangue[6]. Desde então,

---

3. Ver o capítulo "Uma farsa grotesca?", p. 137.
4. Ver o texto "O Caminho de Reino de Deus", nos Anexos, p. 205.
5. Segundo a Real Academia Galega, a história do Cebreiro é uma versão popular de uma lenda celta de origem bretã. O milagre em Santa Maria a Real deu ao brasão da Galícia seu principal elemento, o cálice. Fonte: *Guía de nomes galegos*. Disponível em: https://academia. gal/nomes/-/nome/Cebreiro. Acesso em: 03 maio 2023.
6. Segundo o *Catecismo da Igreja Católica*: "O modo de presença de Cristo sob as espécies eucarísticas é único. Ele eleva a Eucaristia acima de todos os sacramentos e faz com que ele seja 'como que o coroamento da vida espiritual e o fim ao qual tendem os sacramentos'. No santíssimo sacramento da Eucaristia estão 'contidos *verdadeiramente, realmente e substancialmente* o Corpo e o Sangue de Cristo juntamente com a alma e a divindade de Nosso Senhor Jesus Cristo e, por conseguinte, *o Cristo todo*'. 'Essa presença chama-se 'real' não por exclusão, como se

carne e sangue estão expostos ali a qualquer peregrino – ou sacerdote – incrédulo[7]. Aquele não era o primeiro milagre do gênero. Ainda no século VIII, em Lanciano, um monge do mosteiro de São Legoziano, atormentado pela dúvida, testemunhou o mesmo milagre ao celebrar a missa. Suas palavras teriam sido registradas por algum expectador igualmente atônito:

> Ó bem-aventuradas testemunhas, diante de quem, para confundir a minha incredulidade, o Santo Deus quis desvendar-se neste Santíssimo Sacramento e tornar-se visível aos nossos olhos! Vinde, irmãos, e admirai o nosso Deus que se aproximou de nós! Eis aqui a Carne e o Sangue do nosso Cristo muito amado![8]

Em 1970, as relíquias eucarísticas de Lanciano foram submetidas a exames laboratoriais[9], e as conclusões foram assombrosas.

---

as outras não fossem 'reais' mas por antonomásia, porque é substancial e porque por ela Cristo, Deus e homem, se torna presente completo'. É pela conversão do pão e do vinho no Corpo e Sangue de Cristo que este se torna presente em tal sacramento" (CIC 1374, 1375, 379). Para maior aprofundamento, recomenda-se a leitura do verbete na íntegra (Eucaristia, 1322-1419, cf. Sacramento[s], Consagração e Transubstanciação).

7. Em 1486, os reis católicos Isabel de Castela e Fernando de Aragão desejaram venerar as relíquias eucarísticas do Cebreiro no retorno de uma peregrinação a Santiago de Compostela. A rainha presentou o santuário com novos relicários em ouro e cristal.

8. "Milagre de Lanciano: 'desafiando a ação do tempo e toda a lógica da ciência humana'". Canção Nova. Disponível em: https://eventos.cancaonova.com/cobertura/milagre-de-lanciano-desafiando-a-
-acao-do-tempo-e-toda-a-logica-da-ciencia-humana/. Acesso em: 03 maio 2023.

9. Os exames científicos das relíquias foram confiados ao doutor Eduardo Linolli, professor de anatomia, histologia, química e microscopia.

Mil e trezentos anos depois do evento, a carne e o sangue humanos ainda estavam frescos, como se houvessem sido retirados de um corpo vivo naquele dia. A carne era um tecido muscular do coração[10], e o sangue, do tipo AB, o mesmo detectado em amostras dos alegados tecidos mortuários de Cristo[11]. Após Lanciano, tais milagres se multiplicaram pelos séculos[12]. Recentemente, um garoto perseguiu esses milagres e, após uma morte precoce, foi elevado à honra dos altares. O que Carlo Acutis[13] descobriu pode levar qualquer um a vencer a distância entre o céu e a terra.

Para muitos católicos do século XXI, tais milagres podem soar como um inoportuno exotismo, mas eles apontam inequivocamente para o coração da religião cristã, para a resposta à questão crucial: o corpo de Cristo parece ter deixado o sepulcro original e se espalhado pelo mundo. E não é preciso se deparar

---

Os resultados dos exames foram apresentados em março de 1971. Dois anos depois, o conselho superior da Organização Mundial da Saúde nomeou uma comissão para verificar as conclusões de Linolli. Em seu relatório final, a comissão admitiu a impossibilidade de uma resposta científica satisfatória ao fenômeno.

10. A carne é um corte uniforme de uma víscera oca e tangencial à superfície dessa víscera, apresentando, em seção, o miocárdio, o endocárdio e o ventrículo cardíaco estriado do miocárdio.

11. Ver o capítulo "O sacrifício da cruz e o sepulcro vazio", p. 185.

12. Para conhecer esses milagres, sugiro as obras *O milagre e os milagres eucarísticos* (Nasisi, 2010) e *Milagres eucarísticos* (Roset, 2014).

13. Morto aos 15 anos, Carlo Acutis dedicou a breve vida a divulgar os milagres eucarísticos e foi beatificado pelo Papa Francisco em 10 de setembro de 2020. Proclamado Ciberapóstolo da Eucaristia, ele revelou seu caminho para a Casa do Pai: "A Eucaristia é a minha via expressa para o céu". Para conhecer mais sobre sua vida e seu trabalho missionário, recomendo o site oficial da postulação: https://carloacutis.com/pt/association. Acesso em: 03 maio 2023.

com um milagre desses para perceber o que se esconde atrás de um "pouco de pão e vinho".

No último dia da viagem apostólica de João Paulo II aos Estados Unidos, em 1995, o Santo Padre desejou visitar uma capela do Santíssimo Sacramento. Por medida de segurança, cães farejadores percorreram as dependências do edifício. Quando chegaram diante do sacrário – onde estavam as hóstias consagradas –, pararam e olharam fixamente. Haviam detectado uma presença viva escondida ali[14].

Desde a primeira noite em que passei no Cebreiro, rumo a Compostela, a minha busca por essa Presença viva – e escondida – passou a avançar por outro caminho. No albergue de peregrinos, horas após apreciar as curiosas relíquias eucarísticas, cedi à exaustão e tive um sonho memorável. Eu me ajoelhava diante da hóstia e do vinho consagrados e iniciava uma oração cerimoniosa. Uma voz, porém, não hesitou em me interromper: "Fábio, você não precisa dizer nada. Apenas ouça!". No meu silêncio, uma luz se irradiava das espécies consagradas e me envolvia.

Já de volta à terra natal, em uma tarde despretensiosa, refugiei-me do calor de verão em uma igreja a poucos metros de casa. Alguns fiéis estavam reunidos para a adoração do Santíssimo. Com passos reticentes, ousei me aproximar do grupo com os olhos na hóstia sobre o altar e permaneci em silêncio. As palavras de Jesus me golpearam com uma certeza inabalável – e encheram meu coração de alegria: "Eis que vou ficar convosco todos os dias, até o fim dos tempos" (Mt 28,20). O Deus que viera a este mundo em uma humilde manjedoura se revelava diariamente em um singelo pedaço de pão. E ali, na mais humilde condição, acolhia o mundo inteiro em seu coração misericordioso. Para os paroquianos

---

14 Uma matéria da *Aleteia* sobre o episódio pode ser conferida no site: https://pt.aleteia.org/2015/12/10/o-dia-em-que-os-caes-farejadores-detectaram-alguem-vivo-no-sacrario. Acesso em: 03 maio 2023.

de Nossa Senhora do Rosário de Zapotlanejo, no México, essa não é uma simples metáfora. Em julho do ano passado, conseguiram flagrar – em vídeo – um inusitado e significativo fenômeno durante a adoração eucarística. A hóstia consagrada pulsava como um coração vivo[15].

Onde está o corpo de Cristo? Desde que retornei ao velho Caminho, curvo-me ao testemunho de São Paulo e de milhares de santos que seguiram seus passos – sem exceção, todos ouviram o chamado do Alto e conseguiram enxergar Cristo neste mundo. Há algum tempo, confesso, passei a olhar com curiosa atenção a manobra ardilosa dos diletos membros da casta judaica que entregaram Cristo à morte. Cegos guiando cegos, não puderam enxergar a maravilhosa artimanha divina. Os discípulos não roubaram secretamente o corpo morto de Cristo para ocultá-lo aos olhos de uns poucos. Pelo contrário, conseguiram oferecê-lo vivo ao mundo inteiro por quase dois milênios!

> Eu sou o pão vivo descido do céu. Quem comer deste pão viverá eternamente! O pão que vou dar é a minha carne, que eu ofereço pela vida do mundo (Jo 6,51).
>
> Quem come minha carne e bebe meu sangue permanece em mim e eu nele (Jo 6,56).

---

15. Uma matéria da *Catholic News Agency* sobre o suposto milagre eucarístico na igreja mexicana, com o registro em vídeo, pode ser conferida no site: https://www.catholicnewsagency.com/news/251891/a-new-eucharistic-miracle-in-mexico. Acesso em: 03 maio 2023.

Os discípulos não roubaram secretamente o corpo morto de Cristo para ocultá-lo aos olhos de uns poucos. Pelo contrário, conseguiram oferecê-lo vivo ao mundo inteiro por quase dois milênios!

No final desta vida – incerta e sombria –, os apóstolos sabiam que alguém os esperava de braços abertos para uma grande festa. E a boa notícia: somos todos convidados!

Referências bibliográficas

A BÍBLIA DE JERUSALÉM. São Paulo: Paulus, 2012.
APÓCRIFOS E PSEUDOEPÍGRAFOS DA BÍBLIA. São Paulo: Cristã Novo Século, 2004.
ARRAES, Marlon. *Padre Léo. Biografia*. Cachoeira Paulista: Canção Nova, 2015.
BERRE, Tim Le. Catedral protege imagem de Cristo em abrigo antiaéreo na Ucrânia. *DCI Digital*, 22 mar. 2010. Disponível em: https://www.acidigital.com/noticias/catedral-protege-imagem-de-cristo-em-abrigo-antiaereo-na-ucrania-67837. Acesso em: 03 maio 2023.
BBC NEWS. *Invasão da Ucrânia. As crianças mortas na guerra*. 28 fev. 2022. Disponível em: https://www.bbc.com/portuguese/internacional-60553635. Acesso em: 03 maio 2023.
CÂMARA CASCUDO, Luís da. *Dicionário do Folclore Brasileiro*. São Paulo: Global, 2022.
CÁRDENAS, Nícolas de. Católica exilada da Nicarágua narra a "horrível" perseguição contra a Igreja. *ACI Digital*, 25 ago. 2022. Disponível em: https://www.acidigital.com/ noticias/catolica-exilada-da-nicaragua-narra-a-horrivel-perseguicao-contra-a-igreja-20521. Acesso em: 03 maio 2023.

CANÇÃO NOVA. *Milagre de Lanciano. Desafiando a ação do tempo e toda a lógica da ciência humana*. 15 ago. 2014. Disponível em: https://eventos.cancaonova.com/cobertura/milagre-de-lanciano-desafiando-a-acao-do-tempo-e-toda-a-logica-da-ciencia-humana/. Acesso em: 03 maio 2023.

CARROLL, Donald. *Mary's House. The Extraordinary Story Behind the Discovery of the House Where the Virgin Mary Lived and Died*. Notre Dame, Indiana: Ave-Maria Press, 2002.

CATECISMO DA IGREJA CATÓLICA (CIC). São Paulo: Loyola, 2000.

CECHINATO, Luiz Pe. *Os 20 séculos de caminhada da Igreja*. Petrópolis: Vozes, 2003.

_____. *A missa parte por parte*. Petrópolis: Vozes, 2004.

CENTER FOR THE STUDY OF GLOBAL CHRISTIANITY. Estatísticas. Disponível em: https://www.gordonconwell.edu/center-for-global-christianity/. Acesso em: 03 maio 2023.

CHESTERTON, Gilbert Keith. *A coisa. Por que sou católico*. Campinas, SP: Ecclesiae, 2019a.

_____. *Hereges*. Campinas, SP: Ecclesiae, 2019b.

_____. *O homem eterno*. Campinas, SP: Ecclesiae, 2019c.

_____. *O que há de errado com o mundo*. Campinas, SP: Ecclesiae, 2019d.

_____. *Ortodoxia*. Campinas, SP: Ecclesiae, 2019e.

CNN. Clarissa Ward sees Ukrainians kneeling to pray in town square. 24 fev. 2022. Disponível em: edition.cnn.com/videos/world/2022/02/24/russia-ukraine-clarissa-ward-people-praying-town-square-sot-dlt-vpx.cnn. Acesso em: 03 maio 2023.

COGNIET, Léon. *Scène du Massacre des Innocents* (1824). Disponível em: https://mba.rennes.fr/en/the-museum/the-museum-s-must-sees/fiche/leon-cogniet-scene-du-massacre-des-innocents-33. Acesso em: 03 maio 2023.

COLOMBO, Aldo. *O tempo de Deus. Uma reflexão para cada dia da semana*. São Paulo: Paulinas, 2015.

EM BUSCA DO PRESÉPIO UNIVERSAL. São Paulo: Museu de Arte Sacra de São Paulo, 2015.

EMMERICH, Anna Catharina. *Santíssima Virgem Maria*. São Paulo: MIR, 2012.

EVARISTO, Carlos; FARAH, Fábio Tucci. *Relíquias sagradas. Dos tempos bíblicos à era digital*. São Paulo: Paulus, 2020.

EYNAUD, Marc. *Qui en veut aux catholiques?* Paris: Artège, 2022.

FARAH, Fábio Tucci. O Caminho do Reino de Deus. *Compostela*, n. 54, 13 jul. 2015.

_____. *Em caminho com o apóstolo São Tiago*. São Paulo: Paulus, 2019. Disponível em: http://www.acidigital.com/pdf/novena-santiago-para-web.pdf. Acesso em: 03 maio 2023.

FERNÁNDEZ, López Enrique. *El santo sudario de Oviedo*. Granda-Siero: Madú Ediciones, 2004.

FREEMAN, Laurence. *O Dalai Lama fala de Jesus*. Rio de Janeiro: Fissus, 2009.

GIBSON, Shimon. *Os últimos dias de Jesus. A evidência arqueológica*. São Paulo: Landscape, 2009.

HAYEK, Samir El. *O significado dos versículos do alcorão sagrado*. São Paulo: MarsaM, 1994.

IBRAHIN, Raymond. *Crucificados. Relatos da nova guerra do Islã contra os cristãos*. Campinas, SP: Ecclesiae, 2013.

LELOUP, Jean-Yves. *Maria Madalena na Montanha de Sainte-Baume. A vida de uma mulher eremita, selvagem e angelical*. Petrópolis: Vozes, 2014.

LIRA, José Luís; MORAES, Cícero. *A face de Santa Maria Madalena e a descoberta de São Sidônio*. Fortaleza: Faculdade Padre Dourado, 2015.

NASINI, Gino. *O milagre e os milagres eucarísticos*. São Paulo: Palavra & Prece, 2010.

NEW ADVENT. Holly Innocents [Santos inocentes]. Disponível em: https://www.newadvent.org/cathen/07419a.htm. Acesso em: 03 maio 2023.

O SANTO QUE CRIOU A ÁRVORE DE NATAL e derrotou com ela o "deus do trovão". *Aleteia*, 05 jun. 2019. Disponível em: https://

pt.aleteia.org/2019/06/05/o-santo-que-criou-a-arvore-de-natal-e-derrotou-com-ela-o-deus-do-trovao. Acesso em: 03 maio 2023.

PAPA BENTO XVI. *Viagem Apostólica à França por ocasião do 150º aniversário das aparições de Lourdes.* 14 set. 2008. Disponível em: https://www.vatican.va/content/benedict-xvi/pt/homilies/2008/documents/hf_ben-xvi_hom_20080914_lourdes-apparizioni.html. Acesso em: 03 maio 2023.

_____. *Audiência Geral.* 11 mar. 2009. Disponível em: https://www.vatican.va/content/benedict-xvi/pt/audiences/2009/documents/hf_ben-xvi_aud_20090311.html. Acesso em: 03 maio 2023.

_____. *Audiência Geral.* 14 set. 2011. https://www.vatican.va/content/benedict-xvi/pt/audiences/2011/documents/hf_ben-xvi_aud_20110914.html. Acesso em: 03 maio 2023.

PAPA FRANCISCO. Papa no *Angelus*. Deus converta quem semeia morte, produz e trafica armas. *Canção Nova*, 09 abr. 2017. Disponível em: https://noticias.cancaonova.com/especiais/pontificado/francisco/papa-no-angelus-deus-converta-quem-semeia-morte-produz-e-trafica-armas/. Acesso em: 03 maio 2023.

_____. Mensagem em vídeo em memória dos mártires coptas mortos na Líbia. 15 fev. 2021. Disponível em: https://www.vatican.va/content/francesco/pt/messages/pont-messages/2021/documents/papa-francesco_20210215_videomessaggio-martiri-copti.html. Acesso em: 03 maio 2023.

PAULINO, Bruno; DÍDIMO, Luciano (org.). *Eu conto com Nossa Senhora.* Fortaleza: Instituto Horário Dídimo, 2021.

PORTAS ABERTAS. *Lista Mundial das Perseguições.* Disponível em: https://portasabertas.org.br/. Acesso em: 03 maio 2023.

RAMOS, David. A new eucharistic miracle in Mexico? *CNA*, 27 jul. 2022. Disponível em: https://www.catholicnewsagency.com/news/251891/a-new-eucharistic-miracle-in-mexico. Acesso em: 03 maio 2023.

RATZINGER, Joseph. *Jesus de Nazaré. Do batismo no Jordão à Transfiguração.* São Paulo: Planeta, 2007.

_____. *Jesus de Nazaré. Da entrada em Jerusalém até a Ressurreição*. São Paulo: Planeta, 2011.
_____. *A infância de Jesus*. São Paulo: Planeta, 2012.
RAYMOND, Ibrahim. O extermínio da minoria cristã do Iraque. *Gatestone Institute*, 05 nov. 2018. Disponível em: https://pt.gatestoneinstitute.org/13257/crista-iraque-exterminio. Acesso em: 03 maio 2023.
ROPS, Daniel. *A Igreja dos apóstolos e dos mártires*. São Paulo: Quadrante, 2014.
ROSET, Padre Manuel Traval y, S.J. *Milagres eucarísticos*. São Paulo: Artpress, 2014.
SAINT-EXUPÉRY, Antoine. *O Pequeno Príncipe*. São Paulo: Geração Editorial, 2020.
SÃO FRANCISCO DE ASSIS et al. *São Francisco de Assis. Escritos e biografias de São Francisco de Assis* – Crônicas e outros testemunhos do primeiro século franciscano. Petrópolis: Vozes, 1997.
SÃO JOÃO DA CRUZ. *Obras completas*. Petrópolis: Vozes, 2002.
SÃO MÁXIMO CONFESSOR. *A vida da Virgem*. Dois Irmãos, RS: Minha Biblioteca Católica, 2020.
SILVA, Walter Sánchez. Cardeal explica grave situação da Igreja na China assediada pelo governo comunista. *ACI Digital*, 30 jan. 2018. Disponível em: https://www.acidigital.com/noticias/cardeal-explica-grave-situacao-da-igreja-na-china-assediada-pelo-governo-comunista-38061. Acesso em: 03 maio 2023.
THE WASHINGTON POST. *This 8-year-old arson survivor wanted cards for Christmas. She has received more than 300,000 of them*. 16 dez. 2015. Disponível em: https://www.vaticannews.va/pt/papa/news/2021-03/papa-francisco-iraque-missa-erbil-encontro-pai-alan-kurdi.html. Acesso em: 03 maio 2023.
TRESE, Leo J. *A fé explicada*. São Paulo: Quadrante, 2005.
VARAZZE, Jacopo de. *Legenda Áurea. Vidas de santos*. São Paulo: Companhia das Letras, 2003.
VATICAN NEWS. *Papa com o pai do pequeno Alan, afogado na costa turca em 2015*. 07 mar. 2021. Disponível em: https://www.vaticannews.va/

pt/papa/news/2021-03/papa-francisco-iraque-missa-erbil-encontro-pai-alan-kurdi.html. Acesso em: 03 maio 2023.

WEIGEL, George. *A verdade do catolicismo*. Lisboa: Bertrand, 2001.

YODER, Katir. Here's the story behind the viral photo of Ukrainian man hugging crucifix. *CNA*, 06 mar. 2022. Disponível em: https://www.catholicnewsagency.com/news/250579/viral-photo-of--ukrainian-man-hugging-crucifix. Acesso em: 03 maio 2023.

ZUGIBE, Frederick T. *A crucificação de Jesus. As conclusões surpreendentes sobre a morte de Jesus na visão de um investigador criminal*. São Paulo: Ideia & Ação, 2008.

Anexos

O Caminho do
Reino de Deus[1]

"O essencial é invisível aos olhos."[2] Na fábula *O Pequeno Príncipe*, o escritor francês Antoine de Saint-Exupéry apontou o caminho para quem busca a felicidade. Para alcançá-la, deveríamos ir além do que seduz nossos sentidos. Em 1969, no livro *A Rumor of Angels*, o sociólogo Peter L. Berger evidenciou que certas experiências, comuns e banais, revelariam a existência de uma realidade superior. Nesse reino misterioso, ao qual todos, sem distinção, são atraídos, estaria o "essencial" de Saint-Exupéry e o maior tesouro que poderíamos almejar.

Para os cristãos, o reino misterioso possui alguns nomes. No mundo ocidental, um deles se tornou sinônimo de lugar perfeito, de felicidade plena. O caminho para chegar ao Paraíso foi bem traçado pelo Filho de Deus. Alguns de seus seguidores, como São

---

1. Artigo originalmente publicado no número 57 de *Compostela*, revista da *Archicofradía Universal del Apóstol Santiago*, em 2015. A edição integral pode ser acessada pelo link: https://issuu.com/archicofradia apostolsantiago/docs/compostela_revista_2015_web. Acesso em: 03 maio 2023.

2. Antoine de Saint-Exupéry, *O Pequeno Príncipe*, São Paulo, Geração Editorial, 2020, 101.

Francisco de Assis, avançaram – e avançam – a passos largos. Outros se perderam – e se perdem – em atalhos tortuosos. Apesar de os sinais serem os mesmos, o caminho que cada um percorre é único. Minha experiência cristã se divide em antes e depois de 2005, quando decidi me aventurar pelo Caminho de Santiago de Compostela. Com passos decididos, comecei a rota em Saint-Jean-Pied-de-Port, ansiando chegar logo ao túmulo de um dos discípulos de Jesus Cristo, a pouco mais de 800 quilômetros de distância, e receber o prêmio destinado aos vencedores: um certificado personalizado, em latim. No final da primeira etapa, após a travessia dos Pirineus, era incapaz de dar um passo sem sentir uma dor excruciante. Andava envergado e mal conseguia levar a comida à boca. Quando me deitei no andar de cima de um beliche, me sentia abatido e impotente. Aparentemente, a viagem chegava ao fim. Ensaiei uma oração, mas dormi antes do "amém".

No dia seguinte, ao colocar a mochila às costas, fui atraído pelas setas amarelas – que exibem a direção aos peregrinos – e consegui chegar, igualmente alquebrado, ao novo destino. Tinha a sensação de que nada poderia me deter até Santiago de Compostela. Dois dias depois, na descida do monte del Perdón, senti uma forte dor no joelho direito. O conselho médico: permanecer três dias em repouso. Em Puente La Reina, ajoelhado perante o emblemático crucifixo do século XIII, na *Iglesia del Crucifijo*, fui assaltado pelas palavras de Jesus Cristo: "Olhai as aves que voam no céu: não semeiam o grão, nem colhem, nem acumulam a colheita nos celeiros; pois o vosso Pai celeste lhes dá de comer. Acaso não valeis muito mais do que elas? [...] Não vos preocupeis, então, com o dia de amanhã, porque o dia de amanhã trará consigo suas próprias preocupações. A cada dia bastam as suas penas" (Mt 6,26.34).

Naquele momento, tive certeza de que alcançaria a meta final. Porém, não poderia confiar exclusivamente em meu esforço próprio. Como um pequenino que segura com força a mão de seu pai para atravessar a escuridão tenebrosa, havia confiado meus passos ao Pai celeste. Havia, de maneira misteriosa – e extraordinária –, me unido a milhares de peregrinos medievais que saíam de casa sem saber se, algum dia, alcançariam a "Terra Prometida". Apesar dos "demônios" que espreitavam a cada curva, sob o disfarce de um assaltante impiedoso, de um animal selvagem ou da água contaminada, caminhavam com o coração no céu. E, em meio a rugidos apavorantes, eram capazes de ouvir o rumor dos anjos.

Muitas pessoas que iniciam uma peregrinação ou visitam lugares sagrados esperam revelações extraordinárias ou êxtases divinos. Desejam se defrontar com algo que mude drasticamente suas vidas. Ao segurar nas mãos de Deus – e deixar de lado toneladas de anseios e receios que sobrecarregavam minhas costas –, recebi o mapa – e as chaves – do reino misterioso: "O Reino de Deus não vem ostensivamente. Nem se poderá dizer: 'Ele está aqui! ou ele está lá!'. Porque o Reino de Deus já está no meio de vós" (Lc 17,21).

No decorrer do Caminho de Santiago, cruzei com "anjos de carne e osso" que cuidavam dos peregrinos – precisei deles como nunca –, conversei com "santos" maltrapilhos que tinham a alma perfumada, assisti a inimigos declarados se abraçarem e jurarem lealdade eterna. Em diversos albergues, dividi o prato com ricos e pobres. Apesar de deixarem pegadas diferentes, todos eram iguais na medida em que compartilhavam o mesmo "caminho". Todos pareciam felizes, porque, de uma maneira ou de outra, tinham aprendido a enxergar o "essencial". No íntimo, deviam saber que, como eu, tinham juntado um tesouro "nem traça nem ferrugem os consomem, e onde os ladrões não penetram para roubar" (Mt 6,20). Antes de alcançar o objetivo final, havia estado algumas vezes no Reino de Deus.

Trinta e seis dias após minha partida, com passos vacilantes – uma agulha invisível no joelho e bolhas purulentas espalhadas pelos dois pés–, cheguei diante da catedral de Santiago. Sentia ter deixado algo para trás. Com um misto de tristeza e saudade, visitei o túmulo de São Tiago e fiz uma prece. No mesmo dia, voltei para lá outras vezes. Na última, em vez de sair pela *Puerta de la Acibechería*, caminhei até o *Pórtico de la Gloria* e fiquei frente a frente com o discípulo de Jesus Cristo esculpido pelo mestre Mateo. São Tiago parecia olhar para mim através dos olhos de pedra. Ele sorria como se eu tivesse descoberto o segredo que o levara até os "confins da terra". Ao deixar a catedral pela última vez naquele ano, havia ganhado um companheiro inseparável em minha peregrinação pela vida.

Como grande parte dos peregrinos que voltam para suas casas, permaneci com um pé — e um pedaço do coração — no Caminho de Santiago de Compostela. Com o passar dos meses, imerso no dia a dia, as lembranças começaram a se desvanecer, como os carimbos na credencial de peregrino. Três anos depois, iniciava a peregrinação pela via aragonesa, com ponto de partida em Somport. Percorreria a rota preferida dos alquimistas medievais. O mais célebre a deixar suas pegadas até o túmulo de São Tiago foi o francês Nicolas Flamel. Reza a lenda, ele teria descoberto um grande segredo durante sua jornada. Talvez por isso, São Tiago também tenha se tornado padroeiro dos alquimistas... Em sua mística, a busca alquímica é uma excelente metáfora da peregrinação cristã. O objetivo de quem praticava essa arte era obter a Pedra Filosofal. Sua matéria-prima seria algo tão sutil que muitos teriam passado a vida inteira sem conseguir enxergá-la, embora ela estivesse ao alcance das mãos. Alguns a compararam com o orvalho; outros, com a brisa. O sucesso na empreitada garantiria ao felizardo a transformação de metais inferiores no mais precioso ouro e... a vida eterna.

Quando cheguei à catedral de Burgos pela segunda vez na vida, dirigi-me ao lugar onde estaria a estátua de um alquimista. Suas feições provariam que ele atingira o maior objetivo de sua vida. Encontrei um santo, possivelmente São Roque, trajando as vestes de peregrino. Quando fiz uma reverência, lembrei-me de uma passagem do Antigo Testamento. Deus pediu a Elias que o esperasse no alto de um monte. Houve um furacão. O profeta não enxergou sinal de seu Senhor. Seguiu-se um terremoto. E, então, fogo. Nada. Até que Elias foi atingido por uma brisa suave. Naquele momento, sentiu a Presença de Deus. A passagem está em sintonia com as palavras de Cristo sobre o Reino. Sua vinda "não é observável".

Na companhia de Deus, que está em todos os lugares – e sopra como a brisa suave –, o peregrino sente o coração se transformar a cada passo. É uma experiência intensa. As zonas mais escuras da alma sempre vêm à tona em uma peregrinação. "Fantasmas" do passado assombram, "demônios" do presente aterrorizam. Talvez uma das melhores imagens para ilustrar o processo seja a do alquimista, remexendo chumbo aquecido em um cadinho. De repente, com algumas pitadas de Pedra Filosofal, o metal começa a se transmutar lentamente, até reluzir como o ouro mais perfeito. Uma bela metáfora para o modo misterioso de como o Pai celeste age diretamente em nossa alma, purificando-nos e nos tornando, desde já, partes de seu Reino eterno. A busca do alquimista é o prêmio garantido aos verdadeiros cristãos.

Para o peregrino, um caminho sempre será diferente do outro. Em minha segunda jornada à Santiago de Compostela, quase não senti dores físicas e experimentei o Reino de Deus de maneira mais íntima – embora ele se manifestasse exteriormente inúmeras vezes, como na primeira jornada. Ao chegar à catedral, acompanhado pelo santo anfitrião, sentia-me mais leve. Durante a missa do peregrino, contemplei, no altar, a imagem de São Tiago brandindo uma espada. Ela me trouxe à mente o início e o fim de um poema de Gerard Manley Hopkins:

O mundo está carregado da grandiosidade de Deus.
Resplandece como o brilho de um florete volteado.
[...]

Porque o Espírito Santo sobre o curvado
Mundo paira com um coração terno e com asas brilhantes[3].

Com aquela espada – que já me remetia a um florete –, um dos discípulos mais próximos de Jesus Cristo rasgava um véu. Por um breve momento, era – e sempre é – possível vislumbrar o reino misterioso. Para os alquimistas, resplandece como o ouro mais puro. Para os peregrinos, é a curva seguinte de uma caminhada que já começou. Resolvi voltar ao Caminho outras vezes, em 2010, 2012 e 2014[4]. Carimbei meu coração com outras experiências, fiz novos amigos – deste e do outro mundo. Mas uma coisa sempre se repetiu. Todas as vezes em que virei as costas a Santiago de Compostela, ouvi o mesmo sussurro dos anjos: "Não demore para voltar!".

---

3. WEIGEL, George, *A verdade do catolicismo*, Lisboa, Bertrand, 2001, 64.
4. Na época em que organizei este livro, já havia percorrido outras vezes o Caminho de Santiago de Compostela e publicado uma novena em honra ao apóstolo. Ela pode ser acessada gratuitamente no site: http://www.acidigital.com/pdf/novena-santiago-para-web.pdf. Acesso em: 03 maio 2023.

Voluntariado: uma palavrinha sobre um palavrão[1]

Voluntariado! Esta palavra sempre me pareceu pretensiosa, uma nota dissonante em uma sinfonia harmoniosa. Soava ainda pior quando pronunciada por lábios pomposos.

Quando a Mariana me convidou para fazer parte de um caminho que trilhava havia mais de dez anos, aceitei com desconfiança. Nunca fui um bom contador de histórias e minhas piadas sempre arrancaram risadas com um indisfarçável tom de constrangimento. Mas frequentar já adulto o hospital em que nasci surgiu como um chamado irrecusável...

Há três anos comecei a percorrer, uma vez por semana, os corredores da Beneficência Portuguesa. Embora tivesse conseguido disfarçar essa jornada por um bom tempo, minhas pegadas deixariam rastros nas redes sociais, em perfis dos pais de pacientes. Quando coloquei de lado a indelicadeza de não aceitar marcações, assumi o risco de, vez ou outra, ser abordado sobre o tema.

Alguns dias atrás, um antigo voluntário trouxe um velho assunto à tona: após tantos anos de hospital, havia se tornado um cético empedernido. Como seria possível manter a confiança em Deus depois de acompanhar de perto tantas desgraças?

---

1. Texto postado originalmente em 5 de dezembro de 2019.

Para ele, no quarto de uma criança com câncer jamais haveria espaço para Deus...

Não precisei ir tão longe para buscar a resposta. Diagnosticado com câncer aos dois anos, o pequeno Bryan já perdeu uma perna e passou mais tempo na UTI do que um adulto saudável poderia suportar. Há dois meses, já aos seis anos, quando nos contava uma história imaginada naquele instante, a enfermeira entrou no quarto para uma punção em seu braço. "Sou corajoso. Mas o corpo não obedece", confessou com os olhos arregalados diante da reluzente agulha. "Esperem um pouco que vou conversar com Jesus." Após a prece balbuciada que durou segundos, ele abriu um largo sorriso. Deus estava ali, e era mais palpável do que o aparelho de quimioterapia. No quarto de Bryan, não havia espaço para o câncer!

Aquele gesto simples me ensinou mais sobre a fé do que inúmeros tratados de teologia. Há várias outras lições que aprendi nessa caminhada, incontáveis pelo tempo e pela fraqueza da memória, mas permanentemente gravadas no meu coração. Aproveito o Dia Internacional do Voluntário, celebrado hoje, para agradecer à Mariana, que me abriu as portas desse mundo, e a todos os pequenos voluntários com quem cruzei nos corredores do hospital onde nasci: Bryan, Mateus, Emily, Estêvão, Manu, Sofia, Rafinha, Anna Luiza, Arthur, Estelinha, Bia, Bernardo, Cleisson, Ricardo, Yasmim, Elionai, Eduardo... No meio de tantos professores generosos, não passo de uma nota dissonante; uma nota dissonante bem acolhida na harmoniosa sinfonia da vida.

O caminho da volta[1]

Há alguns anos, talvez quatorze ou quinze, senti a necessidade de reencontrar um velho caminho, perdido na passagem da infância para a adolescência. Já adulto, bati à porta de Luiz Cechinato. O antigo padre, agora monsenhor, estava mais grisalho e curvado. O brilho em seus olhos azuis, no entanto, era o mesmo de minhas primeiras lembranças.

No sofá de sua casa, Luiz acompanhou, pacientemente, meus passos errados, tropeços e quedas. Jamais me esquecerei de suas palavras quando fiquei em silêncio: "Fábio, enquanto você andava por caminhos escuros, Deus jamais tirou os olhos de você. E, com suas mãos, o conduziu de volta". Naquele exato momento, o padre de minha infância me conduzia ao velho Caminho. Desde aquela época, eu tinha o hábito de encontrá-lo uma vez por ano, poucos dias antes da Páscoa. Já aguardava ansioso pela próxima semana.

Hoje, fui surpreendido pela notícia da morte do padre Luiz. A tristeza pela perda durou alguns minutos e se transformou em alegria. O padre Luiz havia chegado ao final do velho Caminho. Perdi meu querido confessor, mas ganhei um novo amigo na Corte Celeste. Padre Luiz, rogai por mim!

---

1. Texto postado originalmente em 4 de abril de 2017.

Os dois milagres
de Nossa Senhora[1]

Há dois tipos de milagres: os que revelam a mão de Deus em nossa vida e os escondidos, aqueles que o Pai realiza em segredo e, sem que desconfiemos, mudam o curso de nossa existência. Em novembro de 2009, um estranho episódio me fez ser agraciado pelos dois: um reconheci imediatamente; o outro me seria revelado mais de dez anos depois.

À época, eu percorria a Provence como colunista de gastronomia e vinhos, experimentando alguns *rosés* e quitutes regionais. No último dia dessa saborosa saga, fiquei hospedado em um hotel de Marseille com vista para o porto e alguns monumentos históricos. Após os derradeiros compromissos, carreguei uma cerveja até a mesa solitária da sacada. Para manter o quarto aquecido, deslizei a porta até ouvir um baque suspeito. A poucas horas do voo que me levaria de volta para casa, eu havia me trancado, sem querer, do lado de fora do quarto.

Avaliei a parte externa do hotel: um bosque escuro, a imensidão do mar... Sete metros até o chão. Fiquei apavorado, e gritei

---

1. Texto originalmente publicado na coletânea *Eu conto com Nossa Senhora*. Organizadores: PAULINO, Bruno; DÍDIMO, Luciano, Fortaleza, Instituto Horário Dídimo, 2021, 88-89.

por socorro... Gritei até meus olhos alcançarem a parte mais alta da cidade. A imagem de Notre-Dame de la Garde, protetora dos pescadores, brilhava. Um brilho que, naquele momento, a destacava dos demais monumentos. Um brilho acalentador. Fiz uma prece silenciosa. Segurei na grade de ferro e saltei do primeiro andar. Um salto no escuro. O salto da fé.

Senti um baque – mais assustador que o da porta – quando meus calcanhares tocaram o solo. Apesar de um corte na mão esquerda, parecia bem. Em pé. Nada naquele chão de terra batida havia amortecido a queda.

Reconheci esse milagre imediatamente. As mãos que seguravam amorosamente o Menino Jesus haviam me alcançado. Ainda enxergo a surpresa nos olhos do amigo Guilherme Corrêa ao contar o episódio, no instante em que consegui retornar ao hotel – uma aventura que narrei em uma crônica escrita à época.

Foram dois aviões – e quase 18 horas – para voltar ao Brasil. Uma volta dolorosa. Poucos dias depois, descobri uma pequena fissura em uma vértebra da coluna cervical. Nada que um colar cervical não desse jeito nos três meses seguintes. Por muitos anos, essa história divertiria amigos e surpreenderia desconhecidos, e, em momentos difíceis, me traria a lembrança da suavidade das mãos de Nossa Senhora ao me amparar durante a queda. Mais de dez anos depois, porém, aquele estranho episódio ganharia um epílogo.

Um ligeiro desconforto no meio da coluna me levou ao ortopedista. Recordo-me, como se fosse hoje, do dia em que retornei com a ressonância magnética. Ao iluminar a chapa, o Dr. Fabio Janson Angelini arregalou os olhos: "Você quebrou uma vértebra... Por muito pouco, não seccionou a medula... Foi um acidente? Era para ter ficado tetraplégico... Podia ter morrido... Isso foi um milagre!". Ao ouvir aquelas palavras, fui carregado para novembro de 2009. Era uma noite fria – e agradável – do outono francês. Um brilho acalentador me rodeava. Meus olhos se cruzaram – não pela primeira vez – com os de Notre-Dame de la Garde. Eu acabava de descobrir o seu segredo...